W0063573

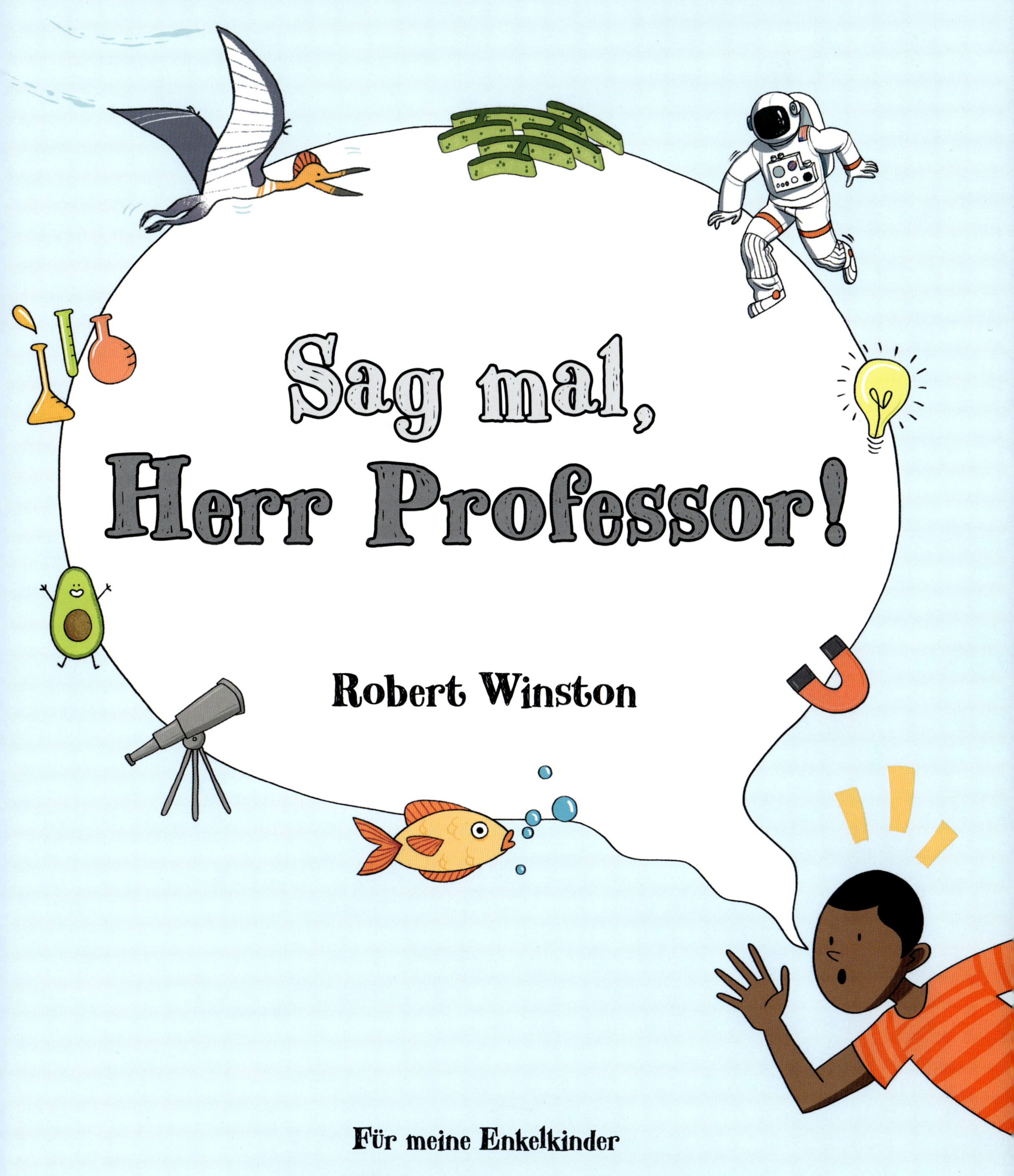

Sag mal, Herr Professor!

Robert Winston

Für meine Enkelkinder

Tzofia, Eliana, Stella, Aron und Isaac

Inhalt

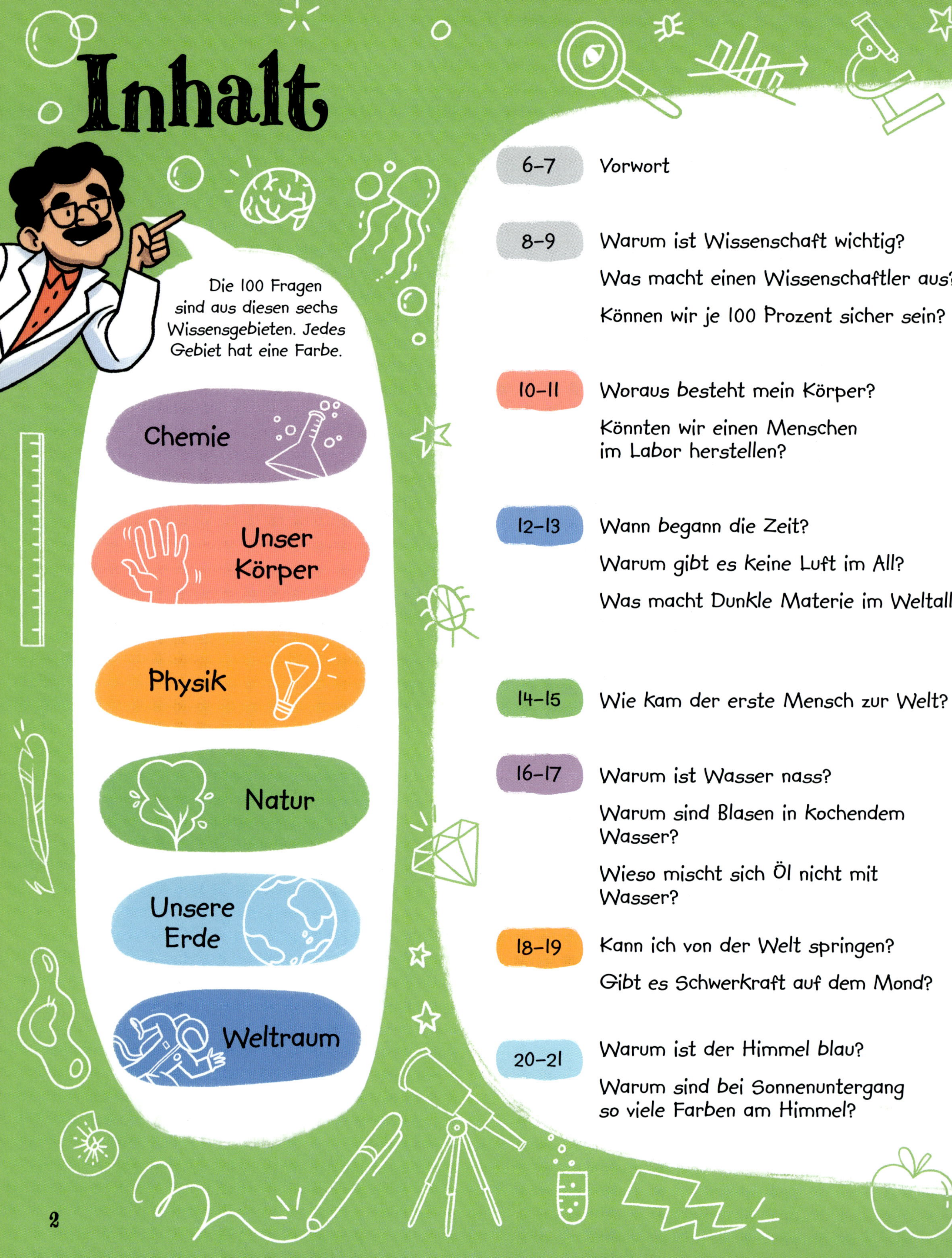

Die 100 Fragen sind aus diesen sechs Wissensgebieten. Jedes Gebiet hat eine Farbe.

Chemie

Unser Körper

Physik

Natur

Unsere Erde

Weltraum

Auf einigen Seiten in diesem Buch sind in den Antworten bestimmte Wörter in größerer Schrift gedruckt. Diese Wörter werden auf der Seite genauer erklärt.
Am Ende des Buchs findest du ein Glossar, in dem alle Begriffe erklärt werden, die du vielleicht nicht so gut verstehst.

Vorwort

Bei meinen Besuchen an Schulen werden mir immer wieder so viele Fragen gestellt. Für dieses Buch haben wir Fragen von Kindern aus ganz Europa, Kanada, den USA, Indien, China und Japan gesammelt. Besonders interessant fand ich, dass überall sehr ähnliche Fragen auftauchen – egal, in welchem Land ihr lebt.

Ich versuche in diesem Buch, euch Antworten zu geben. Viele der wunderbaren Fragen, die ihr gestellt habt, trauen sich die meisten Erwachsenen gar nicht zu fragen. Es ist aber wichtig, dass ihr euch nie schämt, wenn ihr etwas nicht wisst. Jeder gute Wissenschaftler muss ständig Fragen stellen, denn wenn Forscher eine Sache nicht verstehen, dann überlegen sie sich eine passende Frage. Danach erkundigen sie sich bei anderen Wissenschaftlern und suchen alle Informationen, die sie zu dem Thema finden können. Zum Schluss denken sie sich ein Experiment aus, das ihr Problem hoffentlich lösen kann. Einige der Dinge, die ihr gefragt habt, wusste ich selbst nicht. Also habe ich nachgeschlagen und auch oft andere Kollegen gefragt. Da ich nur einige der Experimente selbst gemacht habe, verdanke ich die Erkenntnisse oft den Experimenten anderer Wissenschaftler.

Gelegentlich gibt es sogar Fragen, auf die noch niemand eine Antwort kennt. Genau deswegen ist Wissenschaft so spannend. Wenn du Wissenschaftler wirst, findest du vielleicht Dinge heraus, die vor dir noch niemand wusste.

Robert Winston.

Warum ist Wissenschaft wichtig?

Du kannst dieses Buch nur lesen, weil der Buchdruck erfunden wurde. Hoffentlich zitterst du nicht vor Kälte, bist hungrig oder sitzt im Dunkeln. Wenn dich langweilt, was ich schreibe, kannst du fernsehen, den Computer benutzen oder mit dem Bus einen Freund besuchen. Wahrscheinlich wirst du länger und gesünder leben als die Menschen vor dir. Naturwissenschaft beherrscht die ganze Welt, aber wir halten sie einfach für selbstverständlich. Sie kann auch missbraucht werden und unserer kostbaren Erde schaden. Es ist sehr wichtig, dass jeder Mensch sich mit Wissenschaft beschäftigt, damit wir weise entscheiden, wie wir unser Wissen einsetzen.

Was macht einen Wissenschaftler aus?

Menschen werden aus vielen verschiedenen Gründen Forscher. Als ich acht Jahre alt war, wollte ich verstehen, wie Dinge funktionieren, und habe dazu Experimente gemacht. Als ich älter war, sah ich unter dem Mikroskop, wie schön die pflanzlichen und tierischen Gewebe sind. Mit 14 Jahren beobachtete ich durch ein Teleskop die Planeten und die Krater auf dem Mond. Als ich 16 Jahre alt war, hatte ich es endlich geschafft, ein Radio zu bauen. Auf der Universität verstand ich dann, dass Wissenschaft nicht einfach nur interessant ist, sondern in allen Lebensbereichen Gutes schaffen kann.

Können wir je 100 Prozent sicher sein?

Das glaube ich nicht. Ich finde sogar, es ist besser, nicht sicher zu sein, auch wenn wir scheinbar den Beweis für etwas haben. Je mehr wir forschen, desto mehr erkennen wir, wie viel wir nicht wissen. Gerade weil wir nie sicher sein können, betreiben wir Wissenschaft.

Woraus besteht mein Körper?

Dein Körper besteht aus etwa 37 Billionen (oder 37 000 000 000 000) winzigen **Zellen**. Es gibt etwa 200 verschiedene Zelltypen: Muskeln, Nerven, Gehirn, Fett, Drüsen, Blut, Leber, Haut ... Die Haut hat sogar eigene Zellen, die Haare bilden, und auch welche, die deine Haarfarbe herstellen. Manche produzieren Schweiß, andere sorgen dafür, dass du in der Sonne braun wirst. Bakterien hast du sogar noch mehr in und auf deinem Körper als Zellen, nämlich etwa 40 Billionen. Die meisten Bakterien halten uns gesund, aber wegen ihnen riechen wir unangenehm, wenn wir uns längere Zeit nicht waschen.

Hier wird Eiweiß gespeichert, bis die Zelle es benötigt.

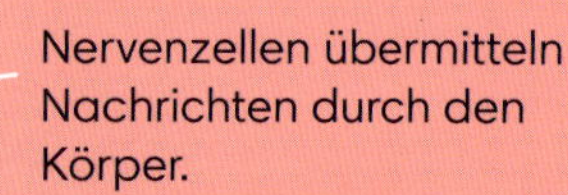

Zellen

In einer Zelle gibt es verschiedene Gebilde, die jeweils eine bestimmte Aufgabe erfüllen, damit die Zelle gesund und funktionstüchtig bleibt. Der Kern ist das Kontrollzentrum.

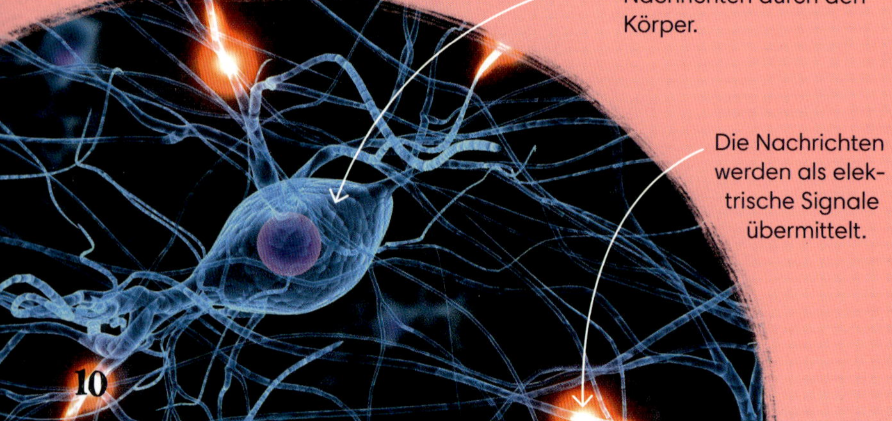

Nervenzellen übermitteln Nachrichten durch den Körper.

Die Nachrichten werden als elektrische Signale übermittelt.

Könnten wir einen Menschen im Labor herstellen?

Nein, weil sich Zellen nicht künstlich herstellen lassen. Wenn wir eine Ausgangszelle erschaffen könnten, könnten wir daraus vielleicht eine Eizelle oder auch eine Spermazelle gewinnen. Dann könnten wir einen menschlichen **Embryo** herstellen. Noch ist dies unmöglich, aber vielleicht geht es in ferner Zukunft.

Der Zellkern ist das Kontrollzentrum. Er speichert die DNA der Zelle.

Diese Röhren mit rauer Oberfläche bilden Eiweiße.

Hier wird die Energie für die Zelle produziert.

Dies sind kleine Speichertaschen, die Nährstoffe und Abfälle enthalten.

Diese hier räumen die Zelle auf und befreien sie von Abfällen und Eindringlingen wie Keimen.

Diese glatten Röhren bilden und speichern Fette.

Embryo

Aus einem Embryo kann sich im Bauch der Mutter ein Baby entwickeln. Nach acht Wochen entstehen langsam nacheinander alle Organe.

Menschlicher Embryo

Wann begann die Zeit?

Einige **Philosophen** der griechischen Antike glaubten, dass das Universum schon immer existierte. Heute gehen die Forscher davon aus, dass es vor etwa 14 Milliarden Jahren mit dem **Urknall** entstand. Das war vermutlich der Beginn der Zeit. Soweit wir wissen, dehnt sich das Universum seither von einem winzigen Punkt immer weiter aus. Vor dem Urknall gab es weder die Zeit noch die Gesetze der Physik. Irgendwann könnte das Universum umkehren und wieder schrumpfen, sodass es vielleicht eines Tages auch wieder endet.

Urknall

Das Universum entstand durch eine große Explosion. Es dauerte 380 000 Jahre, bis sich die ersten Atome bildeten, und 180 Millionen Jahre, bis die ersten Sterne leuchteten.

Philosophen

Ab dem 6. Jh. v. Chr. stellten sich griechische Philosophen die ersten Fragen über die Welt um sie herum. Sie wollten mithilfe von Logik und Vernunft ergründen, was sie sahen.

Warum gibt es keine Luft im All?

Der Weltraum ist ein nahezu leerer Raum ohne Inhalt, also auch ohne Luft. Die Mischung aus Gasen (vor allem Stickstoff und Sauerstoff), die wir Luft nennen, wird von der Schwerkraft an der Erdoberfläche festgehalten. Steigen wir vom Boden aus höher, nimmt die Schwerkraft ab und die Luft wird dünner. Etwa 100 Kilometer über der Erde beginnt das All.

Was macht Dunkle Materie im Weltall?

Wissenschaftler glauben, dass alles, was wir im All sehen – Planeten, Sterne und Galaxien – nur einen winzigen Teil der Materie ausmacht, die es im Universum gibt. Der Rest ist unsichtbare **Dunkle Materie**. Sterne und Galaxien bewegen sich schneller, als wir erwarten würden. Also muss es unsichtbare Materie geben, von der sie angezogen werden.

Erfahre mehr über Schwarze Löcher auf S. 109.

Dunkle Materie

Wir können Dunkle Materie nicht sehen, aber wir gehen davon aus, dass sie ungleichmäßig im All verteilt ist und Sterne und Galaxien anzieht.

Was wir uns als leeren Raum vorstellen, besteht zum größten Teil aus Dunkler Materie.

Wie kam der erste Mensch zur Welt?

Wissenschaftlich gesehen kann es keinen „ersten Menschen"
geben, weil alle Lebewesen sich in einem sehr langsamen Vorgang entwickeln, der überall auf der Welt gleichzeitig abläuft –
man nennt ihn **Evolution**. Zur Welt kamen die frühen
Menschen so, wie die Jungen von **Säugetieren** in freier
Wildbahn geboren werden: Die Mütter mussten die Geburt
ohne Hilfe schaffen und die Babys ganz allein säugen.

Evolution

Die ersten Menschen tauchten vor 6–8 Millionen Jahren in Afrika auf. Seitdem gab es viele verschiedene Arten von Menschen, aber bis auf *Homo sapiens* sind alle ausgestorben.

Die heutigen Menschen haben weniger Körperbehaarung, längere Beine und kürzere Arme als ihre ausgestorbenen, affenähnlichen Verwandten.

Homo sapiens lebt seit etwa 100 000 Jahren auf der Erde Da jede Generation rund 20 Jahre braucht, bis sie Kinder bekommt, gab es also seit Beginn der Menschheit nur etwa 5000 Generationen!

Säugetiere

Säugetiere sind Tiere mit einer Wirbelsäule und Körperbehaarung. Ihre Jungen trinken Milch bei der Mutter. Fast alle Säugetiere bekommen lebende Junge. Nur das Schnabeltier und der Ameisenigel legen Eier. Junge Säugetiere bleiben bei der Mutter, bis sie gelernt haben, selbst Nahrung zu finden.

Warum ist Wasser nass?

Streng genommen ist Wasser nicht „nass". Wenn du den Finger in ein Glas Wasser steckst, fühlt er sich nicht nass an. Erst wenn du ihn herausziehst, ist er nass und fühlt sich auch so an. Nässe ist die Fähigkeit einer Flüssigkeit, an festen Oberflächen haften zu bleiben. Reines Wasser ist nass, aber es haftet besser an Oberflächen, wenn es mit Seife gemischt ist. Das liegt daran, dass die Kräfte, die die Wassermoleküle zusammenhalten, sich lockern und die Oberflächenspannung daher abnimmt.

Oberflächenspannung

Kräfte zwischen den Molekülen von Flüssigkeiten bewirken, dass sich die Oberfläche wie eine gespannte, elastische Haut verhält.

Die Oberflächenspannung zieht Tropfen zusammen und die Schwerkraft zieht sie nach unten, sodass sie tränenförmig werden.

Dank der Oberflächenspannung können einige Insekten auf dem Wasser laufen.

Wassermoleküle sitzen dicht beieinander.

Wassermoleküle

Jedes Wassermolekül besteht aus drei winzigen Teilchen: 2 Wasserstoffatomen und 1 Sauerstoffatom. Daher hat Wasser die chemische Formel H_2O.

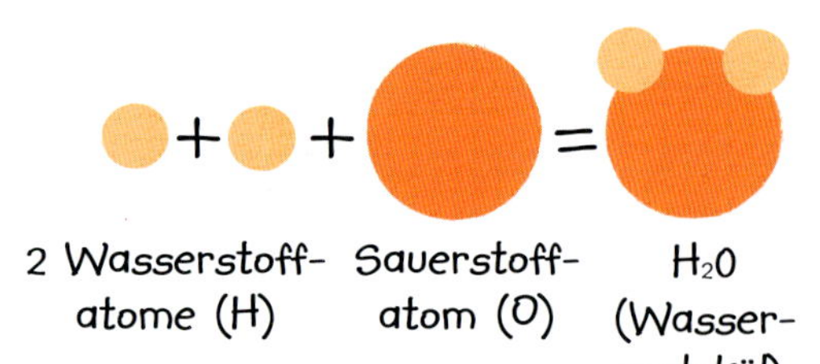

2 Wasserstoffatome (H)   Sauerstoffatom (O) H_2O (Wassermolekül)

Dampf ist unsichtbar. Was du über kochendem Wasser sehen kannst, sind Wolken aus Wassertröpfchen, die kühler als der Dampf sind.

Erfahre mehr über Blasen auf S. 114–115.

In Wasser ist immer ein wenig Luft gelöst. Wird das Wasser erhitzt, bleibt die Luft nicht mehr gelöst, sondern bildet Blasen, die an die Oberfläche steigen. Kocht das Wasser, sind die Blasen nicht mit Luft, sondern mit Wasserdampf gefüllt. Bei 100 °C bleibt Wasser nicht mehr flüssig, sondern wird zu Gas. Die Blasen sind also die gasförmige Version von Wasser. Wir nennen sie Dampf.

Wieso mischt sich sich Öl nicht mit Wasser?

Öl ist weniger dicht (leichter) als Wasser, sodass es auf dem Wasser schwimmt. Die Wassermoleküle sind so eng miteinander verbunden, dass sich Wasser nicht so einfach mit Öl mischt, es sei denn, du gibst Seife dazu, die die Wassermoleküle löst.

Spülmittel löst Öl und Fett von schmutzigem Geschirr.

Nein, denn die unsichtbare **Schwerkraft** (Gravitations-kraft) zieht alle Dinge zueinander und hält uns auf der Erde fest. Alle Dinge ziehen sich gegenseitig an, aber sehr große Körper wie Sterne und Planeten haben viel mehr **Masse** und damit eine stärkere Schwerkraft. Jupiter ist der größte Planet des Sonnensystems und hat fast 2½-mal so viel Anziehungskraft wie die Erde.

Kann ich von der Welt springen?

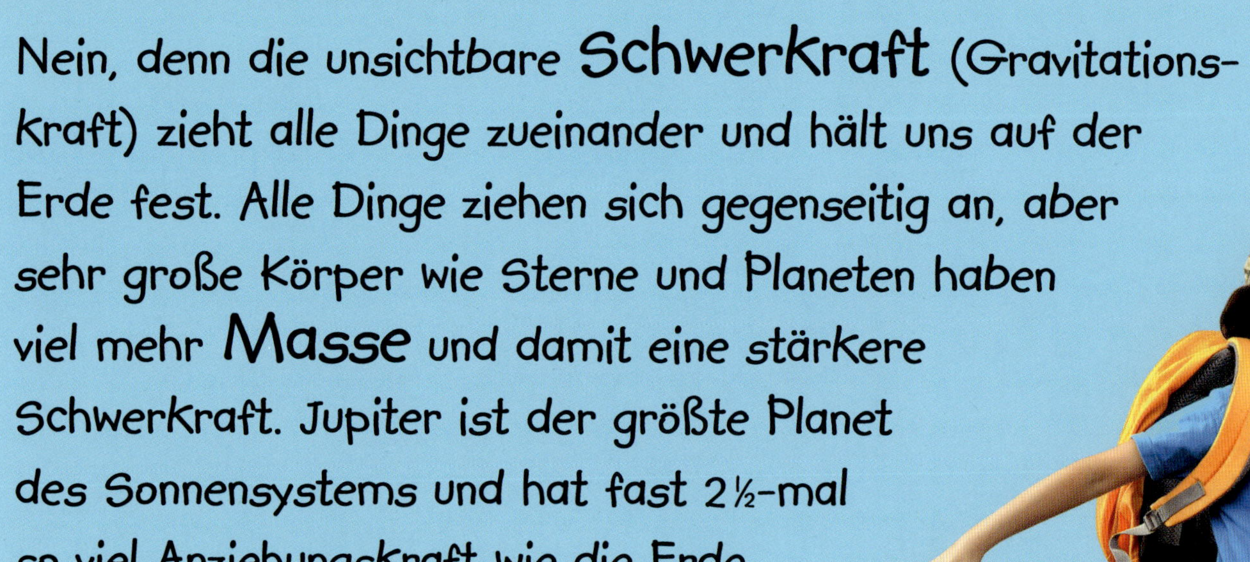

Gibt es Schwerkraft auf dem Mond?

Ja, aber sie ist nicht so stark wie auf der Erde. Die Stärke der Schwerkraft hängt von der Größe ab. Die Erde ist größer und hat mehr **Masse** als der Mond, daher ist auch die Anziehungskraft auf der Erde stärker als dort. Astronauten können auf dem Mond viel höher und leichter springen.

Erfahre mehr über Schwerkraft auf S. 78–79.

Masse

Die Masse eines Gegenstands gibt an, wie viel Materie er enthält. Je mehr Materie er hat, desto größer ist seine Masse. Das Gewicht ist die Kraft, die auf einen Gegenstand einwirkt.

Jupiter gegen Erde

Sagen wir, du wiegst auf der Erde etwa 30 kg. Stündest du auf dem Jupiter, würdest du dann etwa 72 kg wiegen – ungefähr so viel wie ein erwachsener Mann.

Mond gegen Erde

Auf dem Mond würdest du dagegen nur knapp 5 kg wiegen, etwa so viel wie eine Katze. Das liegt daran, dass die Schwerkraft dort nur ein Sechstel so stark ist wie auf der Erde, da der Mond kleiner ist und weniger Masse hat.

Warum ist der Himmel blau?

Sonnenlicht sieht zwar weiß aus, aber es besteht aus allen Farben des **Regenbogens**. Licht bewegt sich in Wellen fort und jede Lichtfarbe hat ihre eigene **Wellenlänge** – einige Farben haben kurze Wellen, andere lange. Erreicht das Sonnenlicht die Erdatmosphäre, trifft es auf Gasmoleküle und schwebende Staubteilchen, an denen sich die Farben brechen – das Licht wird gestreut. Da mehr kurzwelliges blaues Licht auf unsere Augen gestreut wird als Licht mit längerer Wellenlänge, wirkt der Himmel blau. Violette Lichtwellen sind zwar noch kürzer, aber das menschliche Auge ist für blaue Wellen empfindlicher, sodass der Himmel für uns blau aussieht.

Wellenlänge

Farben am roten Ende des Lichtspektrums haben längere Wellen als die am violetten Ende.

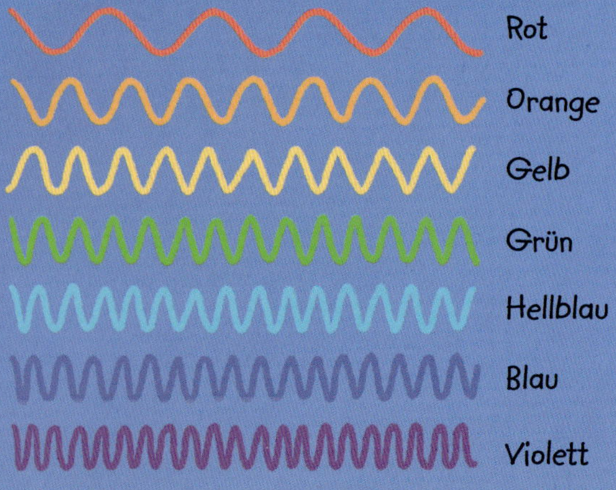

Regenbogen

Einen Regenbogen kannst du sehen, wenn die Sonne hinter dir am Himmel steht und es vor dir regnet. Weißes Sonnenlicht scheint dann durch viele Millionen Regentropfen und wird in einen Bogen aus den verschiedenen Farben aufgespalten.

Warum sind bei Sonnenuntergang so viele Farben am Himmel?

Wenn die Sonne am Himmel zum Horizont sinkt, legen ihre Strahlen einen längeren Weg durch die Atmosphäre zurück. Die Lichtwellen müssen mehr Teilchen und Staub durchdringen. Da das blaue Licht dabei noch stärker gestreut wird, ist dann das langwellige Licht – wie Rot und Gelb – besser sichtbar.

Können Forscher die Dino-saurier zurückholen?

Borealopelta markmitchelli wurde 2011 in Alberta (Kanada) entdeckt. Es ist eines der am besten erhaltenen Dinosaurier-Fossilien der Welt.

Erfahre mehr über die Dinos auf S. 74–75.

Ein paar Wissenschaftler haben es versucht, aber ich denke, es besteht keine große Chance, dass es gelingt. Sie hoffen, **Dinosaurier-DNA** aus Blut oder einem Skelett wiederzugewinnen oder vielleicht auch aus einem blutsaugenden Insekt, wie einer **Mücke**. Doch DNA zerbricht, wenn sie altert, sodass bis jetzt noch niemand intakte DNA gewinnen konnte.

Dinosaurier-DNA

Um einen Dinosaurier wiederzuerschaffen, bräuchte man seine komplette DNA. Da Dinos vor über 65 Millionen Jahren ausgestorben sind, wird wohl keine vollständige DNA mehr zu finden sein. Und man bräuchte eine Dino-Mama, die das Ei ausbrütet.

Mücke

Diese uralte Mücke ist in Bernstein (versteinertem Baumharz) gefangen. Ihr Körper könnte die DNA eines Dinos enthalten, dessen Blut sie vor Millionen von Jahren saugte.

Kann ich ein **Fossil** finden, das noch niemand entdeckt hat?

Ja! Im August 2018 entdeckten Wissenschaftler einen bis dahin unbekannten Wurm, der vor mehr als 400 Millionen Jahren in Großbritannien lebte. Neue Fossilien werden jede Woche gefunden, und oft werden auch **neue Arten** identifiziert. Bis jetzt wurden etwa 1000 verschiedene Dinosaurierarten entdeckt, aber vermutlich haben wir erst einen kleinen Teil all der vielen Arten ausgegraben, die es je gab.

Neue Art

Die neue Wurmart wurde in 430 Millionen Jahre alten Steinen gefunden. Sie wird *Thanahita distos* genannt und war ein wurmartiges Lebewesen mit Beinen.

Die Klippen der Jurassic Coast an der Westküste Englands

Wohin führt mein Bauch- nabel?

Innen oder außen

Nachdem die Nabel-
schnur durchtrennt wurde,
fällt der Schnur-Stummel
später ab und zurück
bleibt eine Narbe. Dies
ist der Bauchnabel. Men-
schen, deren Nabel nach
außen gewölbt ist, haben
einfach ein wenig mehr
Narbengewebe.

Jetzt führt er nirgendwo hin, aber früher war er sehr wichtig!
Als du in der Gebärmutter deiner Mama warst, wart
ihr über die Nabelschnur verbunden. Sie führte von deinem
Bauchnabel zur Plazenta, einem Organ innen an der Gebär-
mutterwand. Die Nabelschnur brachte Blut von der Plazenta
zu dir und versorgte dich mit allen nötigen Nährstoffen
und mit Sauerstoff. Nach der Geburt wurde die Schnur
abgeschnitten – zurück blieb dein Bauchnabel.

Gebärmutter

Die Gebärmutter, auch
Uterus genannt, ist das
Organ, in dem Babys
heranwachsen. Es ist
eine hohle Kammer mit
Muskelwänden.

Nährstoffe

Nährstoffe sind Stoffe in unserem Essen,
die wir für Energie und Wachstum brauchen. Die Nabelschnur bringt nährstoff-
reiches Blut von der Mutter zum Baby.

Warum schmilzt Eiscreme?

Materie kann in drei Zuständen vorkommen: flüssig, fest oder gasförmig. Das hängt meist von der Temperatur ab. Sehr kalte Dinge werden fest – so, wie kaltes Wasser zu Eis gefriert. Wird es wärmer, bewegen sich die Moleküle im Eis schneller: Es wird flüssig und schmilzt. Noch mehr erhitzt, entsteht Dampf, also Gas. Unter hohem Druck kann Gas wieder flüssig werden, auch wenn es immer noch heiß ist. Verschiedene Stoffe sind bei unterschiedlichen Temperaturen Feststoffe, Flüssigkeiten oder Gase.

Eiscreme besteht hauptsächlich aus Wasser, das bei 0 °C schmilzt.

Feststoffe

Ein Feststoff hat eine feste Form. Die Moleküle können ein wenig schwingen, sich aber kaum bewegen.

Flüssigkeiten

In Flüssigkeiten sind die Moleküle weiter auseinander als in Feststoffen, deshalb können sie fließen.

Gase

Gasmoleküle sind weit voneinander weg und bewegen sich frei. Gas breitet sich immer aus.

Plasma

Plasma entsteht oft, wenn ein Gas so heiß wird, dass die Elektronen von den Atomkernen getrennt werden. In einer Plasmakugel oder -lampe passiert genau das.

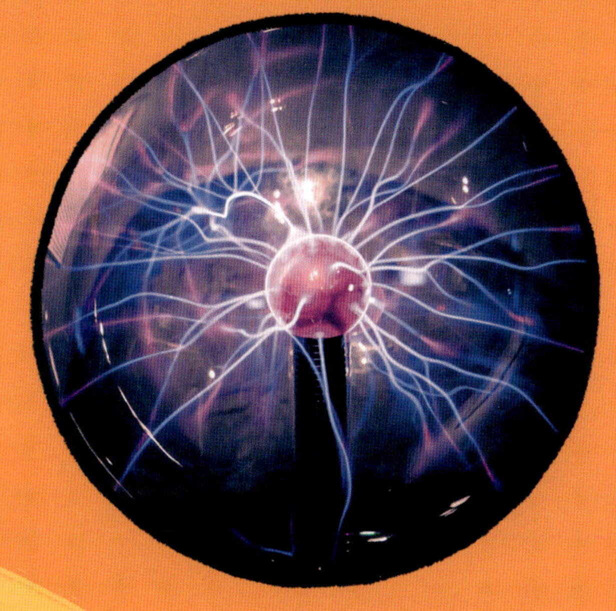

Erfahre mehr über Moleküle auf S. 58–59.

Feuer ist weder fest noch flüssig oder gasförmig. Ganz schön rätselhaft, oder? Feuer ist nämlich eine chemische Reaktion, die in heißem Gas entsteht. Die chemische Reaktion findet zwischen Sauerstoff und dem brennenden Stoff statt. Es gibt noch einen vierten Zustand von Materie, genannt **Plasma**. Plasma ist oft extrem heiß und Feuer ist in mancher Hinsicht ein wenig wie Plasma. Echtes Plasma entsteht aber erst, wenn Atome in ihre Bestandteile zerbrechen.

Ist Feuer fest, flüssig oder gasförmig?

Wie funktionieren **Magnetbahnen?**

Wenn du schon einmal mit Magneten gespielt hast, weißt du, dass ungleiche **Pole** sich anziehen und gleiche sich abstoßen. Fließt elektrischer Strom durch eine Leitung, entsteht ein Elektromagnet. Die starken Elektromagneten einer Magnetschwebebahn wirken auf die Elektromagneten in den Gleisen. Der Zug „schwebt" auf dem Magnetfeld: Er wird auf den Schienen gehalten, ohne sie zu berühren. Deshalb fährt er **reibungslos** und kommt mit wenig Energie schnell voran.

Magnetpole

Die Enden eines Magneten heißen Pole. Die grauen Eisenspäne an diesen Magneten zeigen, was passiert, wenn Pole zusammentreffen.

Reibungslos

Reibung ist eine Kraft, die Dinge, die in Bewegung sind, abbremst. Sie wirkt entgegen der Bewegungsrichtung. Glatte Oberflächen, die aneinander vorbeigleiten, erzeugen wenig Reibung oder sind sogar reibungslos.

Schlittschuhe gleiten übers Eis.

Magnetbahn in Schanghai (China)

Wie bremst eine Magnetbahn?

Fließt Strom durch die Elektromagneten in den Schienen, beginnen sie zu wirken. Sie ziehen und drücken gegen die Magneten des Zugs, sodass er sich vorwärts bewegt. Beim Bremsen fließt der Strom umgekehrt. Die Elektromagneten ziehen und drücken dann in die entgegengesetzte Richtung.

Bremsen

Eine Magnetbahn hat keine Bremsen aus sich bewegenden Teilen wie ein normaler Zug. Um langsamer zu werden und anzuhalten, wird einfach die Richtung der Magnetfelder umgekehrt.

Diese Magneten heben den Zug über die Schienen, bewegen ihn vorwärts und bremsen ihn ab.

Diese Magneten stoppen den Zug, indem sie die Seiten der Schienen berühren.

Wenn der Strom in eine Richtung fließt, wirken die Magneten zusammen und beschleunigen den Zug. Fließt der Strom in die andere Richtung, wechseln die Magnetfelder die Richtung und bringen den Zug zum Stillstand.

Erinnert ein Schmetterling sich an seine Zeit als Raupe?

Ein Schmetterling entwickelt sich in **vier Stadien:** Ei, Raupe (Larve), Puppe und Falter. Ich denke nicht, dass der ausgewachsene Schmetterling sich an irgendetwas aus den drei vorherigen Stadien erinnert!

1. Ei
Erwachsene Weibchen legen winzige Eier auf Pflanzen ab.

2. Raupe
Die Raupe (auch Larve genannt) schlüpft und verbringt ihre Zeit futternd.

3. Puppe
In einem Seidenkokon verwandelt sich der Körper der Raupe.

4. Falter
Der geflügelte Falter bricht aus der Puppe hervor.

Wie schlafen Schmetterlinge?

Schmetterlinge schlafen eigentlich nicht. Sie ruhen bei Nacht und auch am Tag, wenn die Sonne kaum scheint, es regnet oder kalt und bewölkt ist. Oft ruhen sie unter Blättern versteckt oder hängen kopfüber an einem Zweig.

Schmetterlinge warten ruhend auf warmes, trockenes Wetter.

Wie weben Spinnen ihr Netz?

Nicht alle Spinnen weben Netze, aber viele Arten stellen in winzigen Drüsen an ihrem Bauch **Seide** her. Jede der Drüsen produziert eine andere Seide: Seide für das Netz, klebrige Seide zum Insekten fangen oder feine Seide zum Einwickeln der gefangenen Beute. Spinnen beginnen ihr Netz oft mit einem langen, schwebenden Seidenfaden, der im Wind hinter ihnen hertreibt, bis er zum Beispiel an einem Zweig kleben bleibt.

Wie wachsen wir?

Der Riesen-Mann

In seltenen Fällen kann es vorkommen, dass die Hypophyse zu stark arbeitet. Der wohl größte Mann, der jemals lebte, war der Amerikaner Robert Wadlow, mit einer Größe von 2,72 m. Vermutlich war seine Hypophyse sehr groß und hat zu viele Wachstumshormone hergestellt.

Die **Hypophyse** ist eine Drüse unten am Gehirn, die ein **Wachstumshormon** produziert. Es wird in den Blutkreislauf abgegeben und bewirkt, dass die Leber ein Hormon namens Wachstumsfaktor bildet. Diese zwei Hormone regen das Wachstum der Zellen in Muskeln, Knochen und anderen Geweben an, sodass der Körper wächst.

Hypophyse

Hormone sind chemische Stoffe, die von Drüsen hergestellt werden. Sie sind wie Boten, die im Blut zu den verschiedenen Körperteilen wandern und ihnen sagen, was sie tun sollen. Die Hypophyse ist die wichtigste Drüse.

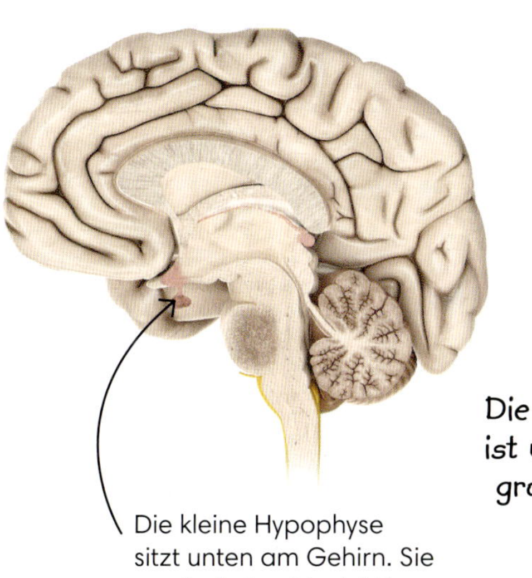

Die kleine Hypophyse sitzt unten am Gehirn. Sie produziert acht wichtige Hormone.

Die Hypophyse ist ungefähr so groß wie eine Erbse.

Wachstumshormone

Die Hypophyse gibt achtmal am Tag Wachstumshormone an den Körper ab. Diese bewirken, dass die Körperzellen sich teilen und vermehren. Die meisten Wachstumshormone werden nachts abgegeben. Bei erwachsenen Menschen werden immer weniger von ihnen produziert.

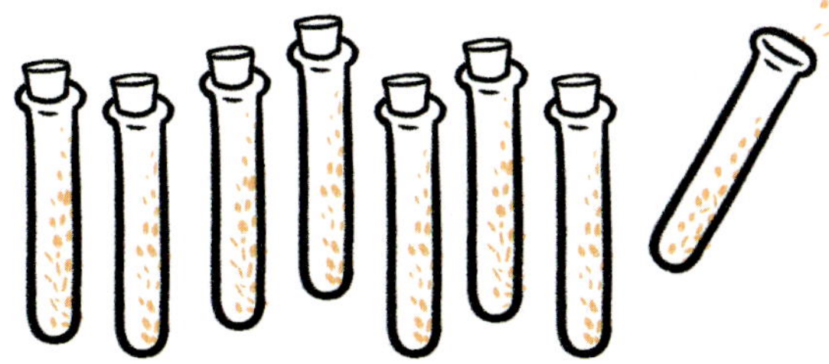

Was sind Wachstumsschmerzen?

Einige Kinder haben nachts schmerzende Beine. Man nennt dies oft „Wachstumsschmerzen". Wir wissen nicht genau, was die Schmerzen verursacht, aber die meisten Ärzte glauben, dass es gar nichts mit dem Wachstum zu tun hat. Kinder, die sich sehr viel bewegen oder sehr gelenkig sind, scheinen nachts öfter Schmerzen in den Beinen zu haben. In der Regel musst du dir deshalb keine Sorgen machen.

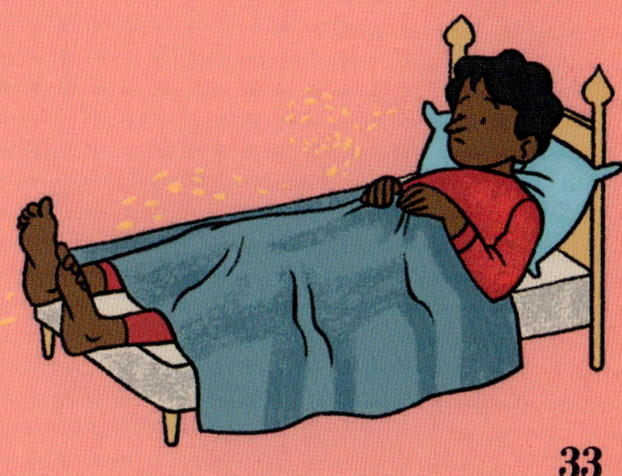

Warum können sich Tiere so gut **tarnen?**

Leopard

Dank seines gefleckten Fells ver-
schmilzt der Leopard perfekt mit
dem Hintergrund. Er bewegt sich
nicht oder nur sehr langsam, da
Tiere, die sich bewegen, leichter
entdeckt werden.

Chamäleon

Ein Chamäleon kann die
Farbe und das Muster
seiner Haut ändern. So tarnt
es sich oder gibt Signale an
andere Chamäleons.

Tiere sind oft so gefärbt, dass sie in ihrer Umgebung nicht auffallen. So verstecken sie sich vor Fressfeinden oder lauern selbst ihrer Beute auf. Kröten sind zum Beispiel grün und braun wie der Waldboden. Die Flecken eines **Leopards** verschmelzen mit den Schatten von Bäumen und Gräsern. Einige Leguane und Baumschlangen sind grün wie die Blätter und der weiße **Polarhase** ist im Schnee kaum zu erkennen. Einige wenige Tiere wie das **Chamäleon** und der Oktopus können ihre Hautfarbe chemisch verändern, um sich ihrer Umgebung anzupassen.

Polarhase

Das Fell des Polarhasen ist im Winter schneeweiß. Im Sommer wird es graubraun, damit der Hase sich zwischen Pflanzen und Steinen verstecken kann.

Versteckt halten

Nicht nur Tiere benutzen Tarnung. Dieser Fotograf trägt Tarnkleidung, um Nahaufnahmen von Wildtieren zu machen. Auch Soldaten tragen Tarnanzüge in Grün- und Brauntönen, um im Dschungel oder Wald nicht entdeckt zu werden, und Sandfarben in der Wüste.

Kann ein **Magnet** das **Eisen** im **Blut** anziehen?

Anders als das Eisen in einem Nagel, das **ferro-magnetisch** ist, liegt das Eisen in den **roten Blutkörperchen** in einer anderen Form vor und ist kaum magnetisch. Selbst im stärksten **Magnetfeld** würdest du keine Anziehung spüren. Im Gehirn verlaufen Milliarden von Nervenfasern, die Elektrizität leiten wie Kabel. Wenn Elektrizität fließt, erzeugt sie ein Magnetfeld um ein Kabel. Mit speziellen Maschinen können wir erhöhten Magnetismus im Gehirn feststellen, wenn das Gehirn sich anstrengt. Aber keine Sorge: Auch wenn du in der Schule eine sehr schwierige Matheaufgabe löst, wird dein Kopf nicht plötzlich an dem deines Banknachbarn kleben. Das Magnetfeld, das du erzeugst, ist zu schwach.

Der Stahl in einem Auto wird vom Magneten angezogen, da er Eisen enthält.

Du bist nicht magnetisch, denn du hast nur etwa 3g Eisen im ganzen Körper.

Rote Blutkörperchen

Diese Blutzellen erhalten ihre Farbe durch ein Protein namens Hämoglobin, das Eisen enthält. Hämoglobin sammelt Sauerstoff, wenn die roten Blutkörperchen durch die Lungen wandern.

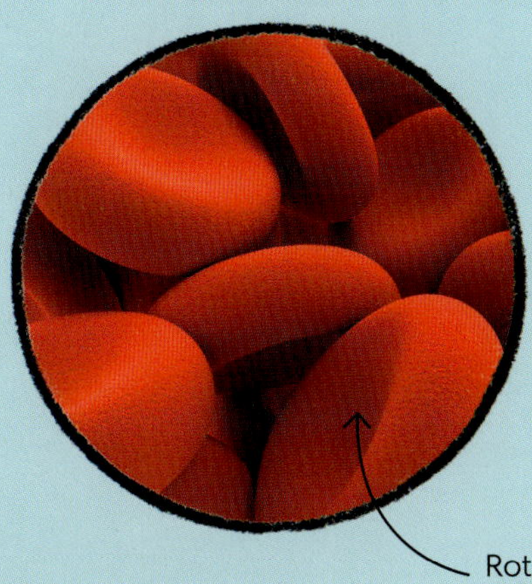

Ein Schrottplatzmagnet ist ein Elektromagnet. Er ist nur dann magnetisch, wenn Strom durch ihn fließt.

Rote Blutkörperchen transportieren Sauerstoff durch den Körper.

Das Mineral Magnetit ist von Natur aus ferromagnetisch. Es zieht alles an, was Eisen enthält, z. B. Stecknadeln.

Ferromagnetisch

Einige Metalle wie Eisen und Nickel werden magnetisiert, wenn sie in ein Magnetfeld kommen. Sie bleiben dann magnetisch, auch wenn sie das Feld wieder verlassen. Wir nennen das ferromagnetisch.

Erfahre mehr über Magneten auf S. 28–29.

Magnetfeld

Jeder Magnet ist von einem Magnetfeld umgeben. Das ist der Bereich, innerhalb dessen der Magnet Dinge anziehen kann. Die Anziehungskraft läuft um die Pole an den Enden des Magneten.

Das Magnetfeld ist unsichtbar, aber du kannst seine Wirkung sehen, wenn du Eisenspäne um einen Magneten streust.

Hole dir eine Lupe und sieh einmal genau nach, wie zwei Streifen **Klettverschluss** aneinanderhaften. Du wirst sehen, dass ein Streifen winzige Häkchen hat, während der andere kleine Schlaufen besitzt. Wenn du die Streifen aufeinanderpresst, greifen die Häkchen in die Schlaufen, sodass die Streifen verbunden werden. Der Schweizer Ingenieur **George de Mestral** hat diesen Trick der Natur abgeschaut und den Klettverschluss erfunden.

George de Mestral

1942 fiel George de Mestral nach einem Spaziergang auf, dass an seiner Hose und am Fell seines Hundes lauter stachelige Samenkapseln hingen. Er sah, dass diese Kletten von unzähligen kleinen Häkchen bedeckt waren, die an Kleidung und Fell hafteten – dies lieferte ihm die Idee für den Klettverschluss.

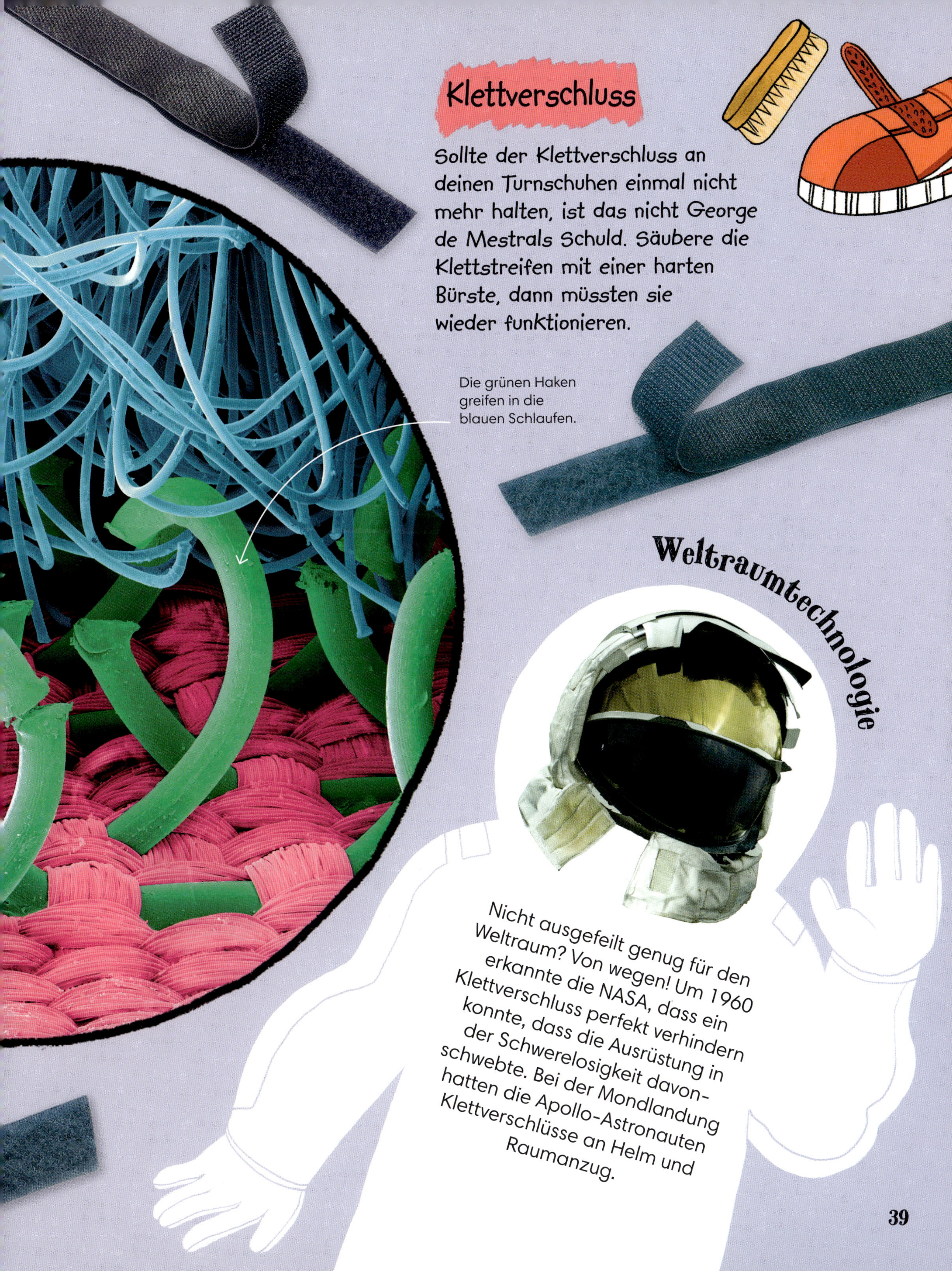

Klettverschluss

Sollte der Klettverschluss an deinen Turnschuhen einmal nicht mehr halten, ist das nicht George de Mestrals Schuld. Säubere die Klettstreifen mit einer harten Bürste, dann müssten sie wieder funktionieren.

Die grünen Haken greifen in die blauen Schlaufen.

Weltraumtechnologie

Nicht ausgefeilt genug für den Weltraum? Von wegen! Um 1960 erkannte die NASA, dass ein Klettverschluss perfekt verhindern konnte, dass die Ausrüstung in der Schwerelosigkeit davonschwebte. Bei der Mondlandung hatten die Apollo-Astronauten Klettverschlüsse an Helm und Raumanzug.

Woher kennt die Honigbiene ihre Aufgabe?

Eine spannende Frage – Wissenschaftler am Imperial College in London, wo ich arbeite, versuchen dies mit starken Mikroskopen und Gehirnscans herauszufinden. Obwohl das **Bienengehirn** winzig ist, findet die Biene über weite Strecken den richtigen Weg und kann sich erinnern, wo sie schon einmal war. Sie arbeitet mit anderen Bienen zusammen und dabei hat jede Biene eine eigene Aufgabe.

Königin

Die Königin legt als einzige Biene im Stock Eier – bis zu 2000 am Tag!

Arbeiterin

Weibliche Arbeiterinnen sammeln Nektar und Pollen, reinigen den Bienenstock und versorgen die Königin und die jungen Bienen.

Bienengehirn

Das Gehirn einer Biene ist kleiner als ein Stecknadelkopf. Trotzdem leisten Bienen Erstaunliches!

Drohne

Drohnen sind männliche Bienen. Sie haben keinen Stachel. Ihre Aufgabe ist es, sich mit der Königin zu paaren.

Aufgaben

Die verschiedenen Bienen in einem Bienenstock haben jede eine eigene Aufgabe.

Der **Stachel** ist wie eine kleine Hohlnadel mit Widerhaken. Deswegen kann die Biene den Stachel nicht wieder herausziehen, wenn sie dich gestochen hat. Sie verliert ihn mitsamt einigen inneren Organen und stirbt dann. Nur Honigbienen verlieren den Stachel und nur die weiblichen können stechen.

Wieso verlieren Bienen den Stachel, wenn sie stechen?

Wie können unsere Augen sehen?

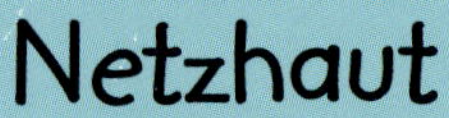

Vorn hat das Auge eine Linse und eine Hornhaut. An der Rückseite ist eine Zellschicht, die Netzhaut genannt wird. Das ins Auge einfallende Licht gelangt durch die Linse auf die Netzhaut. Wenn es auf die Netzhaut trifft, löst es ein elektrisches Signal aus, das entlang des Sehnervs zum Gehirn wandert, um uns zu sagen, was wir sehen.

Blinzeln schützt die empfindliche Hornhaut und hält sie feucht, indem eine wässrige Flüssigkeit auf der Oberfläche verteilt wird. So wird das Auge auch gereinigt und Reizungen durch Schmutz werden verhindert. Wir blinzeln auch, wenn wir nervös sind. Fische blinzeln nicht, sie haben keine Augenlider und zeigen auf andere Weise, dass sie aufgeregt sind.

Wie erzeugen **zwei** Augen **ein** Bild?

Jedes Auge sieht die Dinge ein wenig anders. Das Gehirn führt die Informationen, die es von beiden Augen bekommt, zusammen. So können wir räumlich (dreidimensional) sehen und erkennen, wie weit die Dinge von uns entfernt sind.

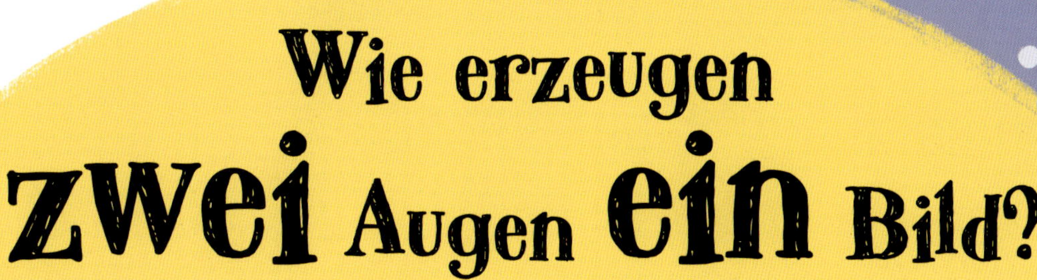

Halte deine Hand vor das Gesicht und versuche, nur mit dem offenen rechten Auge darauf zu schauen.

Öffnest du danach nur dein linkes Auge, fällt dir auf, dass die Hand im Vergleich ein klein wenig anders aussieht.

Wie arbeiten Zahnräder?

Zähne

Hier hat das große Rad 20 Zähne und das kleine 10. Das kleine Rad dreht sich doppelt so schnell, aber mit halber Kraft. An deinem Fahrrad sind die Zahnräder mit einer Kette verbunden.

Ein Zahnradgetriebe besteht aus mindestens zwei Rädern mit Zähnen, die ineinanderpassen. Dreht sich das eine Rad, greifen seine **Zähne** in die des anderen und drehen es in die entgegengesetzte Richtung. Verschieden große Räder drehen sich nicht gleich schnell. Ein großes Rad dreht ein kleines schneller, aber mit weniger Kraft. Ein kleines Rad dreht ein großes mit mehr Kraft, aber langsamer.

Wie fährt ein Aufzug?

Angetrieben von einem Elektromotor, befördert der Aufzug die Kabine über Zahnräder und **Flaschenzüge** auf und ab. Am anderen Ende der Seile, die die Kabine tragen, hängt ein **Gegengewicht**. Es bewegt sich nach oben, wenn die Kabine sinkt, und wieder nach unten, wenn die Kabine nach oben fährt. Elektronische Schalter starten und stoppen den Aufzug. Eine Sicherheitsbremse verhindert, dass die Kabine hinunterfällt, wenn der Aufzug kaputtgeht.

Gegengewicht

Das Gegengewicht gleicht das Gewicht der Kabine aus, indem es sich in die andere Richtung bewegt. So wird weniger Energie zum Heben benötigt.

Flaschenzüge

Ein Flaschenzug ist ein Rad, über das ein Seil läuft. Schwere Dinge lassen sich leichter anheben, wenn die Richtung der Kraft geändert wird. Wird am einen Ende des Seils gezogen, wird das Objekt am anderen Ende angehoben.

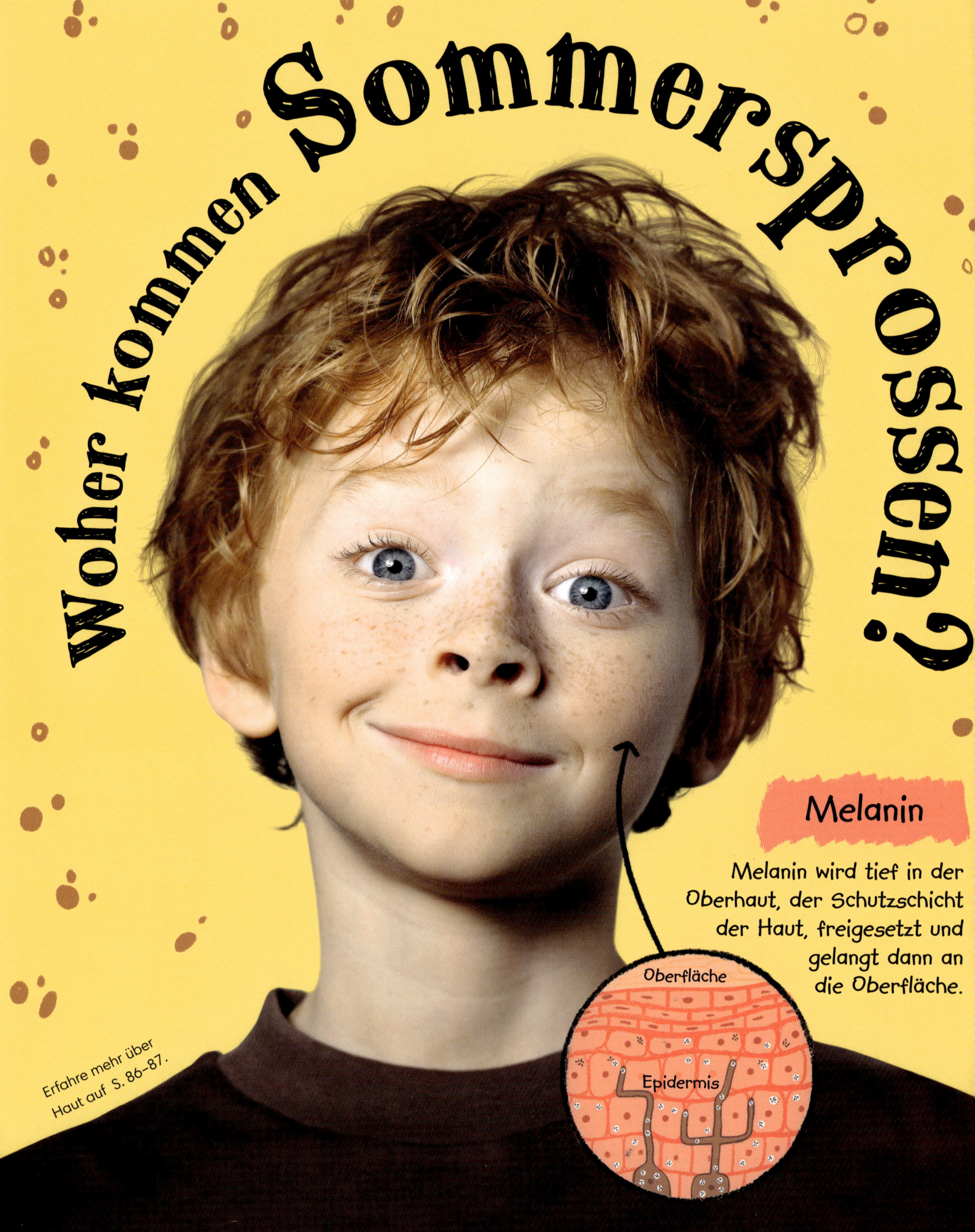

Woher kommen Sommersprossen?
Melanin
Melanin wird tief in der Oberhaut, der Schutzschicht der Haut, freigesetzt und gelangt dann an die Oberfläche.
Oberfläche
Epidermis
Erfahre mehr über Haut auf S. 86–87.

Wenn die Haut der Sonne ausgesetzt ist, wird sie braun. Der braune Farbstoff in der Haut heißt **Melanin**. Die Zellen in der Haut, die ihn herstellen, heißen Melanozyten und werden durch Sonnenlicht aktiv. Menschen, die gleichmäßig bräunen, haben gleichmäßig verteilte Melanozyten. Bei manchen Menschen häufen sich die Melanozyten aber an einigen Stellen, sodass das Melanin ungleichmäßig produziert wird. Diese Menschen bekommen durch die Sonne Sommersprossen und auch leicht **Sonnenbrand**. Außerdem gibt es einige **Gene**, die Sommersprossen verursachen.

Sonnenbrand

Mit Sommersprossen musst du in der Sonne besonders gut aufpassen, da deine Haut nicht genug Melanin hat, um dich vor Sonnenbrand zu schützen. Trage immer Sonnencreme, Hut und Sonnenbrille.

Gene

Gene sind Bauanleitungen, die von deinen Eltern an dich weitergegeben wurden. Über die Farbe von Haut und Augen bis hin zu Größe und Aussehen steckt alles in den Genen.

Über Sommersprossen, Haarfarbe und ob du Locken hast oder nicht, entscheiden die Gene, die du von deinen Eltern mitbekommen hast.

Mutter

Vater

Lisa

Lisas Haare sind glatt und hellbraun wie bei ihrem Vater. Und sie hat Sommersprossen wie er.

Jonas

Jonas hat dunkle Locken wie die Mutter und Sommersprossen wie sein Vater.

Jasmin

Jasmin hat das Haar ihrer Mutter und wie sie auch keine Sommersprossen.

Warum schmeckt Regen nicht salzig?

Was ist Nebel?

Nebel ist eine Wolke, die sich sehr dicht über dem Erdboden gebildet hat. Wenn warme Luft, die Wasserdampf enthält, abkühlt, wird der Dampf zu winzigen Tröpfchen. Diese hängen als Nebel in der Luft.

Regen ist Wasser, das meist aus dem Meer verdunstete und sich zu Wolken zusammenlagerte. Kühlen die Wolken ab, regnet es. Regen ist ein Teil des **Wasserkreislaufs**. Die Wärme der Sonne verursacht die **Verdunstung** des Wassers, aber das Salz bleibt aufgelöst im Meer. So schmeckt Regen zwar nicht salzig, aber doch anders als Trinkwasser, weil die Tropfen durch die Erdatmosphäre fallen und dabei Staub und Teilchen sammeln.

Verdunstung

Wenn flüssiges Wasser verdunstet, wird es zu unsichtbarem Wasserdampf. Wird Wasserdampf wieder flüssig, sagen wir, dass er „kondensiert".

Wolken bestehen aus winzigen Wassertröpfchen, die so klein sind, dass sie in der Luft schweben.

Pflanzen saugen Feuchtigkeit aus dem Boden und geben über die Blätter Wasserdampf ab.

Wasserdampf vom Meer kühlt in der Luft ab und kondensiert zu Wolken.

Warum ist das Meer salzig?

Salz (Natriumchlorid) ist eines der häufigsten Mineralien. In der Natur ist es oft im Gestein enthalten. Es löst sich sehr leicht in Wasser auf. Regen kann Salz von Steinen lösen und dann wird es über Flüsse ins Meer gespült.

Meersalz hat sich auf diesem Holzscheit am Strand abgelagert.

Weinen Hunde?

Biologen gehen davon aus, dass nur Menschen wirklich **Tränen** vergießen können. Hunde weinen nicht, auch wenn ihre Augen manchmal feucht aussehen. Auch unsere engsten Verwandten, die Affen, weinen nicht. Trotzdem haben und zeigen Tiere **Gefühle**. Kaninchen, Hunde und die meisten Säugetiere geben verschiedene Laute von sich, um Schmerz, Angst oder Traurigkeit auszudrücken.

Menschliche Gefühle

Diese Kinder zeigen ihre Gefühle sehr deutlich! Der Wissenschaftler Dr. Paul Ekman aus Kalifornien (USA) sagt, es gibt sechs Grundgefühle, die sich in den Gesichtern der Menschen ausdrücken. Es sind: Glück, Überraschung, Traurigkeit, Wut, Abneigung und Angst. Menschen auf der ganzen Welt zeigen diese Gefühle mit den gleichen Gesichtsausdrücken.

Traurig

Überrascht

Glücklich

Wütend

Die Tränen, die wir in einem Leben vergießen, würden für ein Vollbad reichen.

Tränen

Eine Person vergießt im Durchschnitt etwa 65 Liter Tränen im Leben. Wenn sie viele jüngere Geschwister hat, die sie ständig ärgern, können es auch etwas mehr sein!

Gefühle

Die meisten Tiere zeigen ihre Gefühle nicht im Gesicht so wie wir. Doch die Laute, die sie von sich geben, sind oft ein guter Hinweis. Affen kreischen und Katzen fauchen, wenn sie aufgebracht sind, oder auch als Warnung.

Wie kommen Popel

Popel sind eine Mischung aus toten Zellen von der Innenseite der Nase, zum Teil getrocknetem **Schleim** und Klümpchen von winzigen Lebewesen, die Bakterien genannt werden. Die dunkle Farbe bekommen sie durch den Schmutz, den wir mit der Luft **einatmen** und der von den Nasenhärchen festgehalten wird. Popel können auch grünlich oder bläulich sein, wenn wir eine **Infektion** durch Bakterien in dieser Farbe bekommen haben.

Atmen

Der Körper will verhindern, dass beim Atmen Schmutz in die Lunge gelangt. Deswegen sind Popel so wichtig!

Infektion

Wenn der Körper infiziert ist, niesen und husten wir viel, damit der Schleim, der das Virus enthält, herauskommt. So wird der Körper die Infektion wieder los.

in meine Nase?

Schleim

Schleim ist eine *klebrige* Flüssigkeit an der Innenseite der Nase. Er mag *eklig* aussehen, erfüllt aber eine wichtige Aufgabe. Er fängt Schmutz, Pollen und *sogar* Viren (kleine, schädliche Teilchen, die Krankheiten verursachen).

Wird die Sonne explodieren und werden wir aussterben?

Sonne

Die Sonne ist ein Stern. Sterne sind Kugeln aus sehr heißen Gasen – vor allem Wasserstoff und Helium. Zusammengehalten werden sie von der Schwerkraft. Sterne sind unterschiedlich groß und sie unterscheiden sich auch in Temperatur, Farbe, Helligkeit und in dem, was sie enthalten.

Größenvergleich

Als Roter Riese wäre die Sonne viel, viel größer, aber auch kühler.

Sonne

Weißer Zwerg

Roter Riese

Roter Riese

Rote Riesen sind kleine oder mittelgroße Sterne, denen ihr Kernbrennstoff, der Wasserstoff, ausgeht. Die äußeren Schichten dehnen sich aus, der Stern bläht sich auf und schwillt extrem stark an.

Nur wirklich sehr große Sterne enden in einer heftigen Explosion. Die gute Nachricht lautet: Unsere **Sonne** ist ein mittelgroßer Stern und wird nicht explodieren! Wenn der Sonne der Brennstoff ausgeht, wird sie wahrscheinlich zu einem **Roten Riesen** anschwellen. Die aufgeblähten äußeren Schichten werden verpuffen und einen verblassenden, abkühlenden Kern – **Weißer Zwerg** genannt – zurücklassen. Niemand weiß genau, wann das passieren wird, aber es wird sicher noch einige Milliarden Jahre dauern. Wir werden also wohl nicht **aussterben**, bevor deine Urururururenkel die Schule beendet haben!

Erfahre mehr über die Sonne auf S. 88–89.

Aussterben

Aussterben heißt, dass eine ganze Art für immer stirbt und von der Erde verschwindet. Die Dinosaurier starben z. B. vor 65 Millionen Jahren aus.

Die Dinos starben vermutlich aus, als ein riesiger Meteorit (ein Stein aus dem Weltraum) auf der Erde einschlug.

Weißer Zwerg

Ein Weißer Zwerg ist der zusammengefallene Kern eines Roten Riesen und die letzte Stufe im Leben eines Sterns. Weiße Zwerge sind immer noch heiß und sehr dicht. Sie können noch mehrere Milliarden Jahre lang schwach leuchten.

Wieso verheddern Quallen-arme sich nicht?

Die Arme von Quallen heißen **Tentakel**. Sie verheddern sich fast nie.
Quallen haben zwar kein Gehirn, aber sie erkennen den eigenen Körper und stechen weder sich selbst noch ihre Artgenossen. Zudem sind sie mit einer schützenden Schicht aus **Schleim** bedeckt, die sie glitschig hält. Nur ganz selten verknoten sich die Tentakel doch, z. B. wenn die Qualle krank ist oder wenn keine ständige Strömung im Wasser ist.

Tentakel

Die Quallententakel treiben frei in der Strömung. Sie stechen, greifen und ziehen Beute zu sich.

Schleim

Quallen sind mit glitschigem Schleim bedeckt, der sie vor Infektionen schützt.

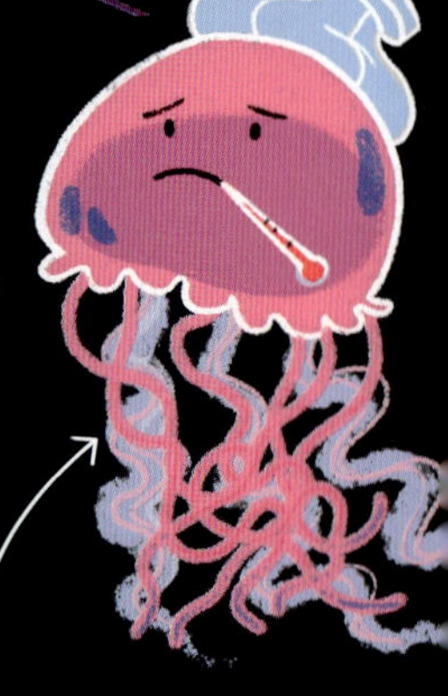

Eine kranke Qualle, die sich nicht selbst entwirren kann, kann die verknoteten Tentakel abreißen.

Fische sind oft sehr lichtempfindlich und sehen auch in schwachem **Dämmerlicht**. Je tiefer das Wasser, desto dunkler wird es, da es längere Lichtwellen herausfiltert und nur kurze, blaue Lichtwellen in die Tiefe dringen. Die Augen von Fischen haben sich vor allem an das blaue Licht angepasst. In der Tiefsee gibt es gar kein Licht. Dort sind Fische oft **lumineszent** (sie leuchten selbst). Die meisten Fische spüren auch Bewegung und Druckänderung in ihrer Nähe.

Wie sehen Fische bei Nacht?

Dämmerlicht

Tagsüber reicht das Sonnenlicht bis etwa 200 Meter Tiefe. Mond und Sterne erhellen nachts nur das Oberflächenwasser ein wenig.

Der Anglerfisch lockt mit seinem leuchtenden Köder in der Dunkelheit Beute an.

Lumineszenz

Manche Tiefseefische erzeugen mithilfe besonderer chemischer Stoffe selbst Licht, andere haben lichterzeugende Bakterien im Körper.

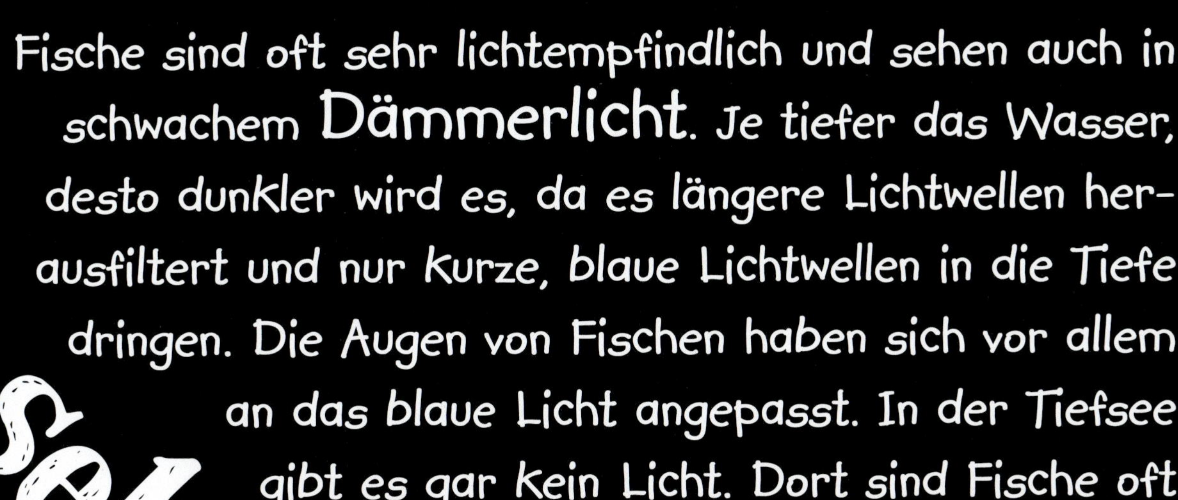

Wie machen die **Moleküle** in der Luft den Luftdruck?

Luftdruck nennt man das Gewicht der **Atmosphäre**, das auf die Erde drückt. Die Gasmoleküle, aus denen die Luft besteht, (hauptsächlich Stickstoff und Sauerstoff) sind zwar unvorstellbar winzig, aber da jedes Molekül trotzdem eine gewisse Masse hat, verleiht die Schwerkraft der Erde ihnen Gewicht. Das vereinte Gewicht einer riesigen Anzahl von Molekülen in der Atmosphäre drückt auf alles, was darunter ist – auch auf uns. Der Luftdruck ist in Bodennähe am höchsten. Je höher du steigst, desto mehr nimmt der Luftdruck dort ab.

Auf dem Gipfel sind die Luftmoleküle weiter verteilt, sodass der Luftdruck niedriger ist. Die Luft wird dünner und wir müssen schneller atmen, um genug Sauerstoff zu bekommen.

Atmosphäre

Die Luftmoleküle in der Atmosphäre sind ständig in Bewegung. Sie prallen voneinander ab und auch von allem, was um sie herum ist.

Nahe am Boden sind die Luftmoleküle dicht gepackt, sodass der Luftdruck hier größer ist.

Wie viele **Atome** hat ein Penny?

Ein Euro-Cent wiegt 2,3 Gramm. Ich verwende hier aber einen US-Penny, da er rund 2,5 Gramm wiegt. Damit lässt sich gut rechnen. Ein US-Penny besteht aus Zink und Kupfer. Er hat $2{,}24 \times 10^{22}$ **Atome** Zink und $5{,}92 \times 10^{20}$ Kupferatome. Das ergibt insgesamt eine Summe von rund 200 000 000 000 000 000 000 000 Atomen. Ich gebe zu, dass diese Zahl nur ungefähr stimmt, da ich zum Zählen ziemlich lange gebraucht habe, und weil sie so winzig sind, habe ich vielleicht einige doppelt gezählt!

Atome

Atome sind die Bausteine von allem, was es im Universum gibt. Im Inneren jedes Atoms schwirren Elektronen um den Atomkern.

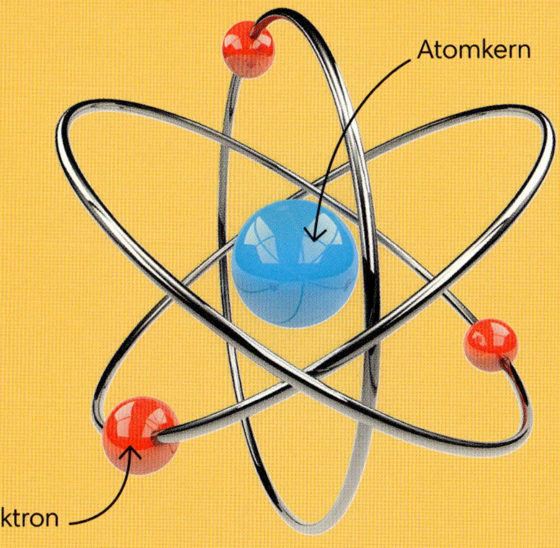

Warum ist Schokolade so lecker?

Schokolade ist energiereiche Nahrung. Sie enthält Stoffe, die im Gehirn bewirken, dass wir uns gut fühlen. Die Frühmenschen in der afrikanischen Savanne lebten vor etwa 100 000 Jahren sehr gefährlich. Sie waren langsam, hatten schwache Zähne und waren leicht verwundbar. Da die Nahrung knapp war, aßen sie am liebsten das, was ihnen genug Energie bis zur nächsten Mahlzeit lieferte. Heute schmeckt uns energiereiche Nahrung immer noch am besten, obwohl wir sie nicht mehr so dringend brauchen.

Energie

Drei Nährstoffgruppen liefern uns Energie: Proteine, Fette und Kohlenhydrate. Schokolade enthält sie alle drei.

Zucker ist eine Form von Kohlenhydrat. Auch Kakao enthält Kohlenhydrate.

Milch ist reich an Protein (Eiweiß) und oft in Schokolade enthalten.

Kakaobutter ist eine Art von Fett.

Schokolade

Schokolade wird aus den Bohnen (Samen) der Kakaopflanze hergestellt. Nach der Ernte werden die Bohnen zu zwei Zutaten verarbeitet: flüssige Kakaomasse und Kakaobutter, die dann zu Schokolade vermischt werden.

Erfahre mehr über Geschmack auf S. 95.

Frühmenschen

Mit der Zeit lernten die Menschen dazu: Es gelang ihnen, sich mehr Nahrung zu verschaffen und dadurch ihr Überleben zu sichern. Im Lauf der Zeit wurden sie zu der Art, die wir heute sind: *Homo sapiens.*

Nachdem sie erste Waffen erfunden hatten, konnten die frühen Menschen leichter und mehr Tiere erlegen. Sie mussten weniger hungern und waren besser für den Überlebenskampf gerüstet.

Die Holzspeere, mit denen sie jagten, hatten scharfe Spitzen aus Feuerstein.

Wie sieht es aus, wenn sich Elektrizität durch Kabel bewegt?

Elektrizität entsteht, wenn Elektronen wandern. Das sind Atomteilchen, die so klein sind, dass sie unsichtbar sind. Du kannst aber die Wirkung von Elektrizität sehen, wenn z. B. ein starker Strom durch einen dünnen Metalldraht fließt. Der Strom trifft auf Widerstand und der Draht heizt sich auf und glüht rot oder weiß. Auch **Funken** zeigen, dass Elektrizität fließt.

Wenn Züge mit Strom aus Oberleitungskabeln fahren, fliegen oft die Funken.

Funken

Funken sind wie winzige Blitze. Starke Elektrizität wirkt auf kleinste Moleküle in der Luft ein und bringt sie zum Glühen.

Wieso verursacht unser Körper manchmal einen Stromschlag?

Wenn wir an etwas reiben, z. B. an unserer Kleidung, können Elektronen von dort auf uns übergehen. Wir sind dann mit statischer Elektrizität aufgeladen. Der menschliche Körper ist ein guter **Leiter** – das heißt, Elektrizität fließt leicht hindurch. Wenn wir so aufgeladen jemanden berühren, springt die Ladung als **elektrischer Strom** über und verursacht einen winzigen Stromschlag. Spiele niemals mit Elektrizität – ein Stromschlag kann dich schwer verletzen.

Leiter

Gut

Der Körper enthält viel salziges Wasser, das Elektrizität sehr gut leitet. Die meisten Metalle sind ebenfalls gute Leiter.

Schlecht

Stoffe, die keinen Strom leiten, wie z. B Gummi, nennt man Isolatoren.

Elektrischer Strom

Strom entsteht, wenn Elektronen fließen. Wenn du eine Glühbirne an eine Batterie anschließt, fließt Strom durch die Leitung und die Birne leuchtet.

Milchsäure verursacht ein Brennen in den Muskeln, wenn wir sie zu sehr anstrengen. Der Schmerz lässt uns langsamer machen oder aufhören. So vermeiden wir Muskelverletzungen und der Körper kann sich wieder erholen.

Bei einer langen Radtour kann sich Milchsäure in den Beinen ansammeln.

Während des Trainings verbindet sich Glukose mit Sauerstoff. So entsteht die Energie, die unsere Muskeln antreibt. Wenn die Muskeln sich aufwärmen, wird der gesamte Sauerstoff im Blut, das in die Muskeln gelangt, aufgebraucht, und die Glukose zerfällt in Milchsäure. Dies kann Schmerzen beim Training verursachen. Der Muskelkater, den wir danach fühlen, hat eine andere Ursache.

Wieso tun meine Muskeln beim Sport weh?

Warum stinkt mein Bruder nach dem Sport?

Der Geruch wird von **Bakterien** verursacht, die sich vom Schweiß deines Bruders ernähren. Je nach Alter hat dein Bruder vielleicht mehr als 40 Billionen Bakterien auf und in seinem Körper. Nach der Kindheit hat man viel mehr Bakterien auf der Haut und viele von ihnen lieben feuchte, versteckte Orte, wie Achselhöhlen oder Füße. Sage deinem Bruder, dass er ein gutes Duschgel benutzen soll. Damit werden die Bakterien weggewaschen.

Bakterien

Bakterien sind mikroskopisch kleine Lebewesen, die nur aus einer einzigen Zelle bestehen. Manche Bakterien sind schädlich, aber viele auf deiner Haut, in den Atemwegen und im Darm halten dich gesund.

Ja, früher gab es noch andere Arten. Eine lebte vor rund 40 Millionen Jahren und hieß **Palaeeudyptes**. Der riesige Vogel, auch Koloss-Pinguin genannt, war etwa 1,60 Meter groß und wog rund 115 Kilogramm. Sein Fossil wurde 2014 von argentinischen Forschern entdeckt, die in der Antarktis arbeiteten. **Anthropornis** ist ein weiterer ausgestorbener Riese aus der Antarktis. Carolina Acosta, die Fossilien in dem Gebiet studierte, meint, damals war eine wunderbare Zeit für Pinguine, in der 10–14 Arten zusammen an der Küste der Antarktis lebten.

Lebten früher andere

1,3 m

Vögel des Südens

Heute gibt es Pinguine nur auf der Südhalbkugel. Die größte Art ist der Kaiserpinguin. Er lebt in der Antarktis.

Selbst die größten ausgewachsenen Kaiserpinguine wiegen nicht einmal halb so viel wie *Palaeeudyptes*.

Pinguinarten?

Palaeeudyptes

Wissenschaftler vermuten, dass Palaeeudyptes beim Fischen 40 Minuten unter Wasser bleiben konnte. Das sind 15 Minuten mehr als beim Kaiserpinguin, der heute den Rekord hält.

Anthropornis

Bevor Palaeeudyptes entdeckt wurde, war Anthropornis der größte bekannte, ausgestorbene Pinguin. Er war ein wenig kleiner als Palaeeudyptes und wog knapp 83 kg.

Wie leuchtet Licht?

Wenn Elektrizität durch den Draht einer Glühbirne fließt, wird er heiß und glüht. Der dünne Draht, Glühfaden genannt, wandelt elektrische Energie in Wärme und Licht um. Er besteht meistens aus dem Metall **Wolfram**, das erst bei sehr hohen Temperaturen schmilzt. Damit der Draht nicht abbrennt, darf absolut kein Sauerstoff in der Glühbirne sein. Der Sauerstoff wird durch ein Gas ersetzt, das nicht mit anderen Stoffen reagiert – ein solches Gas heißt Inertgas. Einige Birnen sind mit **Halogengas** gefüllt wie Jod oder Brom.

LED-Lampen

„Licht emittierende Dioden" (LEDs) erzeugen Licht, indem sie Strom durch einen sogenannten Halbleiter leiten. LED-Lampen sind leistungsfähiger als herkömmliche Glühlampen. Sie halten viel länger und verbrauchen weniger Strom, da sie nur sehr wenig Energie in Form von Wärme verlieren.

Wolfram

Der Wolfram-Glühfaden ist sehr dünn und empfindlich. Fällt eine Glühbirne zu Boden, zerbricht sie zwar nicht unbedingt, aber der Glühfaden kann sehr leicht kaputt gehen.

Halogen

Halogengas in der Glühbirne schützt den Glühfaden. Halogen-birnen halten etwa doppelt so lang wie herkömmliche Glühbirnen.

Normalerweise explodieren Chemikalien nicht, wenn man sie mischt. Mische zur Probe Speisesalz (Natriumchlorid) mit Essig (Essigsäure) – nichts passiert! Für eine Explosion muss eine **heftige Reaktion** zwischen den Chemikalien stattfinden. Dabei wird meist Energie freigesetzt (als Wärme) und Gase entstehen aus zuvor festen oder flüssigen Molekülen. Gase, die erzeugt und erhitzt werden, **dehnen** sich **rasch aus**, und das führt zur Explosion.

Ein schäumender Strahl aus Diät-Cola und Gasblasen sprudelt aus der Flasche.

Heftige Reaktion

Eine Reaktion ist die chemische Veränderung, die eintritt, wenn zwei oder mehr Dinge gemischt werden. Die Blasen in Cola entstehen durch Kohlendioxid, das im Getränk gelöst ist. Lässt du Minzbonbons in Diät-Cola plumpsen, entstehen die Blasen schneller als üblich und sprudeln aus der Flasche!

Chemikalien beim Mischen?

3. Peng
Das Schießpulver in der Hauptkammer explodiert. Die bunten Funken entstehen durch brennende Chemikalien – sogenannte Metallsalze.

2. Zisch
Während der Zünder eine kleine Menge Schießpulver in Brand setzt, schießen die heißen Gase die Rakete in den Himmel.

1. Knister
Einmal angezündet, liefert der knisternde, funkensprühende Zünder die nötige Wärme zum Starten der Reaktion.

Erfahre mehr über Vulkanexplosionen auf S. 102–103.

Rasche Ausdehnung

Feuerwerk enthält Schießpulver, das beim Anzünden mit dem Sauerstoff in der Luft reagiert. Dabei werden heiße Gase erzeugt, die sich ausdehnen und schnell eine Explosion verursachen.

Gas, aber keine Explosion!

Die Hefe, die du in den Brotteig gibst, zersetzt die Stärke im Mehl und setzt Blasen aus Kohlendioxidgas frei. Die Blasen lassen den Teig vor dem Backen aufgehen. Zum Glück ist dies eine langsame Reaktion – sonst wäre Backen gefährlich!

Wie viele Galaxien gibt es?

Das **Hubble-Weltraumteleskop** fotografierte lange Zeit einen winzigen Ausschnitt des Himmels und erfasste dabei schwaches Licht vom Rand des sichtbaren Universums. Es fand 10 000 **Galaxien** in diesem kleinen Gebiet. Daraufhin schätzten Astronomen (Sternenforscher), dass es am ganzen Himmel 100 bis 220 Milliarden Galaxien geben müsse. Neue Forschungen zeigen aber, dass es im Universum wohl mehr Galaxien gibt, als wir mit heutigen Teleskopen aufspüren können – vermutlich etwa 2 Billionen.

Galaxien

Eine Galaxie ist eine riesige Gruppe von Sternen, die durch Schwerkraft zusammengehalten werden. Die größte Galaxie, IC 1101, ist etwa 50- bis 60-mal so groß wie die Milchstraße.

Hubble-Weltraumteleskop

Das Hubble-Weltraumteleskop schwebt über der Atmosphäre im All, weil es von dort aus viel schärfere Bilder machen kann als Teleskope am Boden.

Wie alt ist unser Sonnensystem?

Dem Alter des Gesteins in Meteoriten nach zu urteilen, vermuten Wissenschaftler, dass das Sonnensystem etwa 4,6 Milliarden Jahre alt ist.

Die acht Planeten des Sonnensystems bestehen aus Material, das nach der Entstehung der Sonne übrig geblieben war.

Schrumpft oder wächst unsere Erde mit der Zeit?

Wir gehen davon aus, dass die Erde in etwa immer gleich groß bleibt. Messungen des Erdradius deuten darauf hin, dass sie im Moment ein ganz klein wenig wächst – etwa 0,1 mm pro Jahr.

Genau genommen hatten die meisten Dinosaurier keine Flügel, aber einige ihrer nächsten Verwandten unter den Reptilien hatten welche. Das bekannteste dinosaurierartige Tier war **Pterodactylus**, dessen Flügel von Spitze zu Spitze etwa 1 Meter maßen. Viel eindrucksvoller war eine geflügelte Echse namens **Quetzalcoatlus**. Er hatte eine

Hatten Dinosaurier Flügel?

Quetzalcoatlus war von Federn bedeckt.

Quetzalcoatlus

Dieses riesige Reptil lebte vor etwa 70 Millionen Jahren und verzehrte kleinere Dinosaurier!

Flügelspannweite von 15 Meter, das ist länger als ein Bus. Er hatte auch einen gewaltigen Schnabel und muss allein zum Abheben sehr viel Kraft gebraucht haben. Quetzalcoatlus flog im Segelflug. Wissenschaftler vermuten eine Spitzengeschwindigkeit von mehr als 80 km/h.

Pterodactylus hatte lange, kräftige Flügel.

Pterodactylus

Dieses Reptil hatte einen extra-langen vierten Finger, der die Flügel stützte. Der Name Pterodactylus bedeutet „Geflügelter Finger".

Vögel

Wusstest du, dass viele Verwandte der Dinos auch heute noch leben? Es sind die Vögel! Sie sind die lebenden Nachkommen kleiner, gefiederter Dinosaurier.

Ein neun Jahre altes Kind hätte neben dem riesigen *Quetzalcoatlus* wie ein Zwerg ausgesehen.

Was macht unser Gehirn?

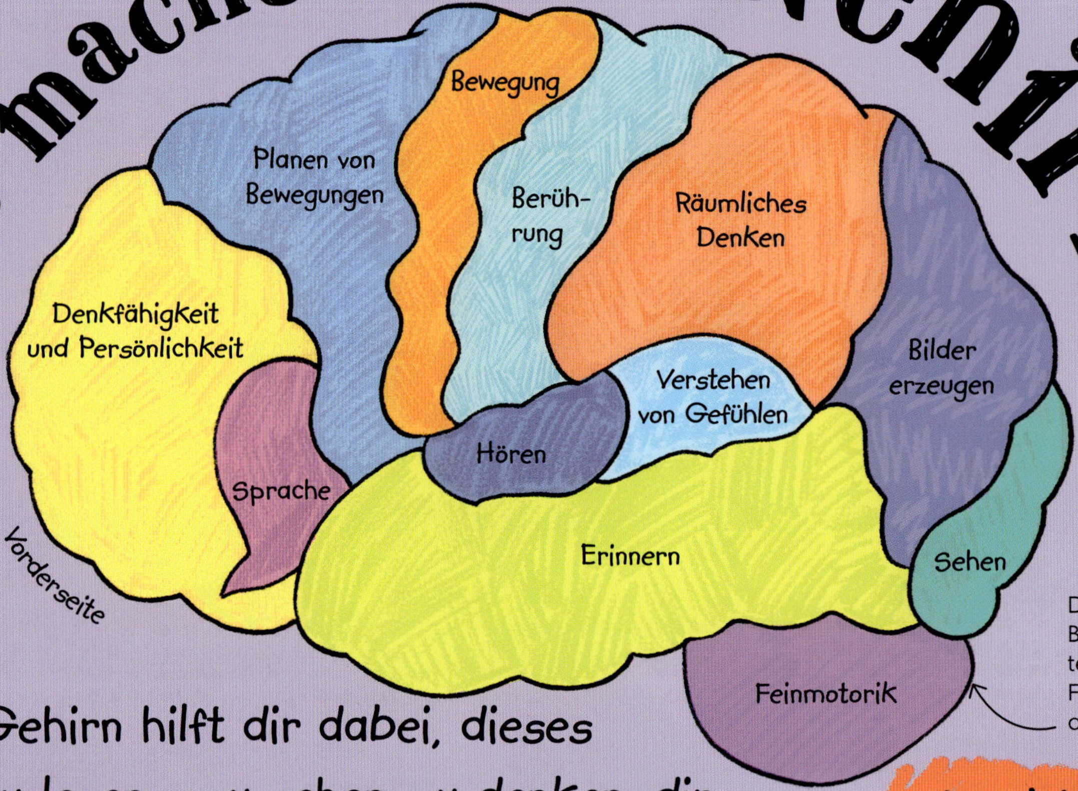

Das Gehirn ist in Bereiche unterteilt, die bestimmte Funktionen ausführen.

Dein Gehirn hilft dir dabei, dieses Buch zu lesen – zu sehen, zu denken, dir etwas vorzustellen und dich zu erinnern. Es kontrolliert **Funktionen** wie Herzschlag und Atmung. Dein Gehirn lässt dich Wärme, Schmerz und Berührungen spüren und auch Gefühle wie Traurigkeit, Glück oder Wut empfinden. Einige **Meereslebewesen** kommen dennoch ohne Gehirn aus.

Funktionen

Komplexe Funktionen wie Denken, Erinnern, Sprechen und Bewegen werden von der Hirnrinde, der gefalteten äußeren Schicht, gesteuert.

Meereslebewesen

Junge Manteltiere schwimmen herum und ihr Gehirn hilft ihnen zu sehen und sich zu bewegen. Erwachsene Tiere heften sich an einen Felsen, fressen ihr eigenes Auge und ihr Gehirn und leben nur mit Mund und Magen weiter.

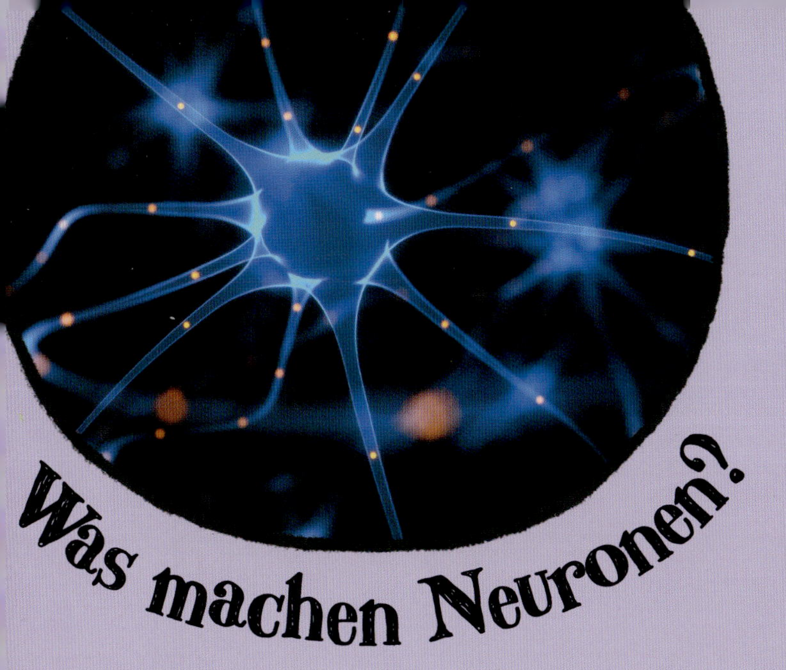

Neuronen sind Nervenzellen, die Elektrizität leiten, damit du fühlen und dich bewegen kannst. Die etwa 80 Milliarden Neuronen im Gehirn sind alle so miteinander verbunden, dass dein Körper funktioniert.

Nein, denn es gäbe keine Möglichkeit zur Versorgung mit Blut und Nährstoffen. Das Gehirn könnte sich nicht mit dem Roboter verbinden, auch nicht über elektrische Leitungen. Aber, wer weiß? Vielleicht geht es in 100 Jahren?

Kann man ein menschliches Hirn in einen Roboter bauen?

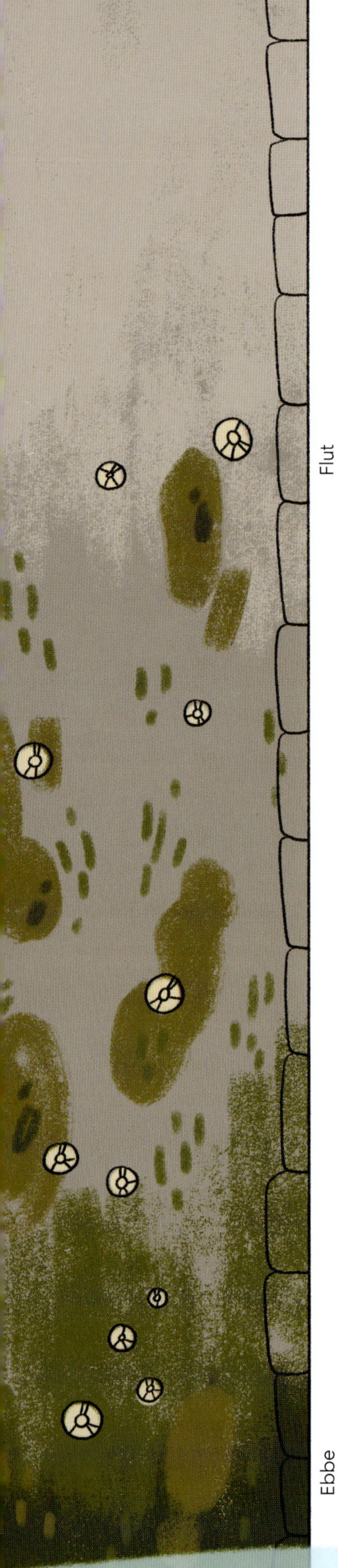

Was hat der Mond mit den Gezeiten zu tun?

Gezeiten entstehen durch die Wirkung der **Gravitationskraft** des Mondes auf die Erde. Auf der mondzugewandten Seite der Erde wirkt die Anziehung am stärksten. Der Mond zieht das Wasser zu sich hin und es bildet sich ein „Flutberg". Gleichzeitig wirkt die Anziehungskraft des Mondes auf der gegenüberliegenden Seite der Erde viel schwächer, sodass hier ein zweiter „Flutberg" in die andere Richtung entsteht. Ebbe ist dort, wo die Anziehung des Mondes am geringsten ist. Da die Erde sich dreht, durchlaufen alle Meere etwa alle 24 Stunden zweimal Flut und zweimal Ebbe.

Erfahre mehr über den Mond auf S. 89.

Flut

Ebbe

Gezeiten

Dadurch, dass sich die Erde alle 24 Stunden einmal um sich selbst dreht, der Mond aber viel langsamer um sie herumwandert, steigen und fallen die Gezeiten. Bei Flut steigt das Wasser und das Meer bedeckt das Land. Bei Ebbe zieht sich das Wasser wieder vom Land zurück.

Gravitationskraft

Gravitation ist eine unsichtbare Anziehungskraft zwischen Körpern. Die Anziehung des Mondes wirkt auf einer Seite der Erde stärker als auf der anderen, sodass genau auf den gegenüberliegenden Seiten der Erde je ein „Flutberg" entsteht. Dank der Anziehung der Erde bleiben die Meere an ihrem Platz.

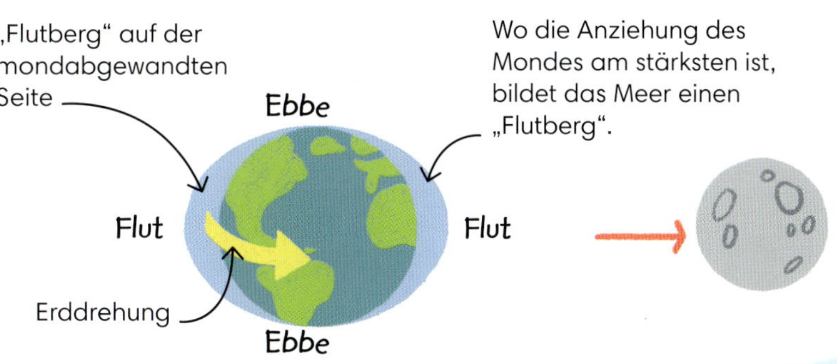

Wieso kann man sich

Wenn du dich selbst **Kitzeln** willst, musst du dazu zum Beispiel die Hand zur Fußsohle bewegen. Das **Gehirn** kontrolliert diese Bewegung und weiß daher, was du tun und fühlen wirst. Wirst du aber von jemand anderem gekitzelt, gibt es immer ein Überraschungsmoment oder die Unsicherheit, dass dein Gehirn nicht vorhersehen kann, was genau passieren wird. Der Teil des Gehirns, der in der Regel deine eigenen Bewegungen vorhersieht, ist das Kleinhirn, aber es kann nicht wissen, was die andere Person tun wird.

Kitzeln

Einige Experten vermuten, dass wir den Reflex der Kitzligkeit entwickelt haben, weil er automatisch empfindliche Körperteile vor Berührung schützt. Andere vermuten, dass das Lachen beim Kitzeln der Festigung von menschlichen Bindungen dient.

nicht selbst kitzeln?

Gehirn

An der Vorderseite des Gehirns liegt die motorische Rinde. Sie lenkt die Muskeln, die du willentlich steuerst. Das Kleinhirn hilft dir, das Gleichgewicht zu halten, und sorgt dafür, dass die Muskeln so zusammenarbeiten, dass du dich flüssig bewegen kannst.

Kitzelige Stellen

Menschen sind an unterschiedlichen Stellen kitzelig, aber diese sind die häufigsten. Einige Menschen fangen sogar schon an zu lachen, bevor sie überhaupt gekitzelt werden.

Wie fliegen Vögel?

Die **Flügel** der Vögel sind an der Oberseite leicht gewölbt, unten aber flach. Flattert oder **gleitet** ein Vogel durch die Luft, hat die strömende Luft auf der Oberseite der Flügel einen weiteren Weg als die Luft darunter. Dadurch sinkt der Luftdruck über den Flügeln, während unter den Flügeln Auftrieb entsteht, der den Vogel hochdrückt.

Das Flügelschlagen hebt den Vogel in die Luft und schiebt ihn vorwärts. Die steifen Federn drücken gegen die Luft und sorgen für Auftrieb und Schub.

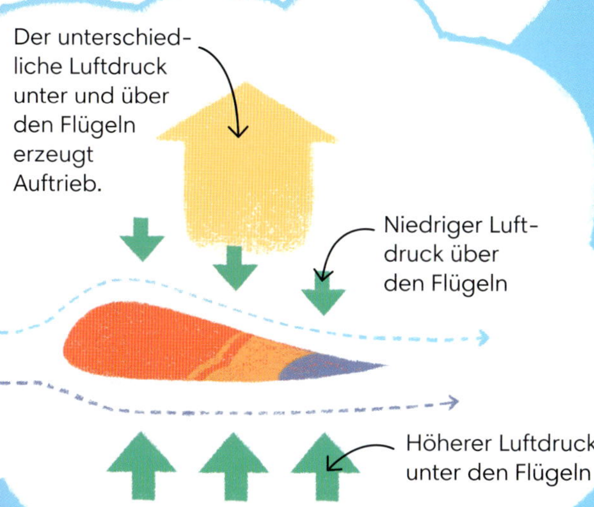

Schwanzfedern helfen beim Steuern und Bremsen.

Vögel mit langen Flügeln können weite Strecken gleiten und müssen kaum mit den Flügeln schlagen. Das spart Energie.

Können Menschen fliegen?

Die Menschen wollten schon immer fliegen. Seit frühester Zeit banden sie sich immer wieder selbstgebastelte Flügel an die Arme, flatterten damit auf Hügeln umher und hofften abzuheben. Nun sind wir aber schwerer als Vögel, unsere Knochen sind nicht hohl und die Brustmuskeln sind schwach, sodass der Sprung von einem Hügel nie gut endete. Heute können wir zwar fliegen – aber nur im Flugzeug.

Möwen können sich sogar von steilen Klippen einfach in die Luft stürzen.

Adler lassen sich gern von aufsteigenden Luftströmen nach oben tragen.

Wie fliegen Flug-zeuge so schnell?

Finde heraus, wie Vögel fliegen auf S. 82–83.

Doppeldecker der Gebrüder Wright

Der Wright Flyer war der erste Flieger, der mit Motorkraft abhob. 1903 flog er in den Dünen von Kitty Hawk in North Carolina (USA) zum ersten Mal. Eigentlich war dieser erste Motorflug aber nur ein kleiner Sprung von 36 m, bei dem der Flyer 12 Sekunden in der Luft war.

Curtiss Robin J-1

Dieses mit Propellern angetriebene Flugzeug wurde 1928 zum ersten Mal geflogen. 1929 stellte es mit einer Gesamtflugdauer von 17 ½ Tagen einen Rekord auf. Die abgewinkelten Propellerflügel verringerten den Luftdruck an der „Nase" des Flugzeugs und zogen es vorwärts.

X-43A

Der Düsenjet X-43A erreichte 2004 Spitzengeschwindigkeiten von fast 11 300 km/h und brach damit alle Rekorde.

Luftwiderstand

Luftwiderstand ist eine Kraft, die Flugzeuge abbremst. Sie entsteht durch die Reibung zwischen Luft und Flugzeug.

Düsenantrieb

Wenn ein Düsenflugzeug Treibstoff verbrennt, schießt heißes Gas aus den hinteren Triebwerken und schiebt das Flugzeug nach vorn.

Stromlinienform

Düsenflieger sind glatt und spitz geformt, sodass sie der Luft kaum Widerstand bieten und gut hindurchgleiten.

Im Lauf der Geschichte des Fliegens wurden die Flugzeuge immer schneller. Flugzeuge müssen den **Luftwiderstand** überwinden, wenn sie schnell sein sollen, daher werden sie **stromlinienförmig** gebaut. Die schnellsten Flugzeuge haben einen **Düsenantrieb**. Düsenflugzeuge fliegen mit viel größerer Kraft als frühere Flugzeuge, die nur Propeller hatten. Sie können auch viel höher fliegen – Propeller funktionieren in großer Höhe nicht, weil die Luft dort zu dünn ist. Dünnere Luft bedeutet aber auch weniger Luftwiderstand, sodass Flugzeuge dort noch schneller fliegen.

Unsere **Haut** ist mit der Talgschicht, einer natürlichen Fettschicht, überzogen. Da beim Baden der Talg abgewaschen wird, kann das Wasser in die Haut eindringen und das darunterliegende Gewebe quillt auf. Einige Wissenschaftler vermuten, dass der Schrumpel-Effekt ein Ergebnis der Evolution ist, da schrumplige Finger von Vorteil sind, wenn man glitschige Dinge festhalten will. Unsere Vorfahren **fischten** stundenlang im Wasser nach Nahrung. Die schrumplige Haut half ihnen wahrscheinlich dabei, die Leckerbissen zu greifen.

Wieso schrumpelt

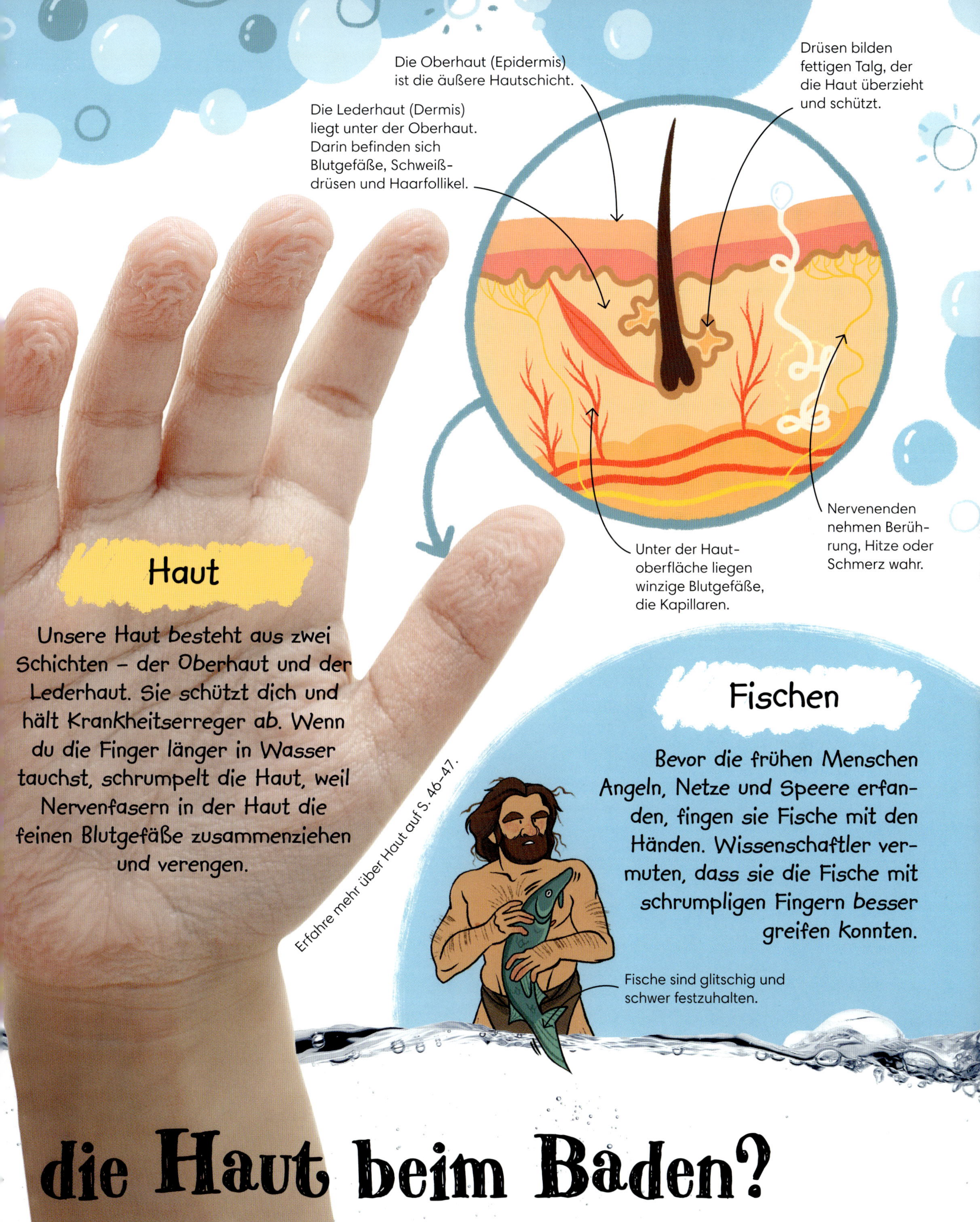

Die Oberhaut (Epidermis) ist die äußere Hautschicht.

Die Lederhaut (Dermis) liegt unter der Oberhaut. Darin befinden sich Blutgefäße, Schweißdrüsen und Haarfollikel.

Drüsen bilden fettigen Talg, der die Haut überzieht und schützt.

Nervenenden nehmen Berührung, Hitze oder Schmerz wahr.

Unter der Hautoberfläche liegen winzige Blutgefäße, die Kapillaren.

Haut

Unsere Haut besteht aus zwei Schichten – der Oberhaut und der Lederhaut. Sie schützt dich und hält Krankheitserreger ab. Wenn du die Finger länger in Wasser tauchst, schrumpelt die Haut, weil Nervenfasern in der Haut die feinen Blutgefäße zusammenziehen und verengen.

Erfahre mehr über Haut auf S. 46–47.

Fischen

Bevor die frühen Menschen Angeln, Netze und Speere erfanden, fingen sie Fische mit den Händen. Wissenschaftler vermuten, dass sie die Fische mit schrumpligen Fingern besser greifen konnten.

Fische sind glitschig und schwer festzuhalten.

die Haut beim Baden?

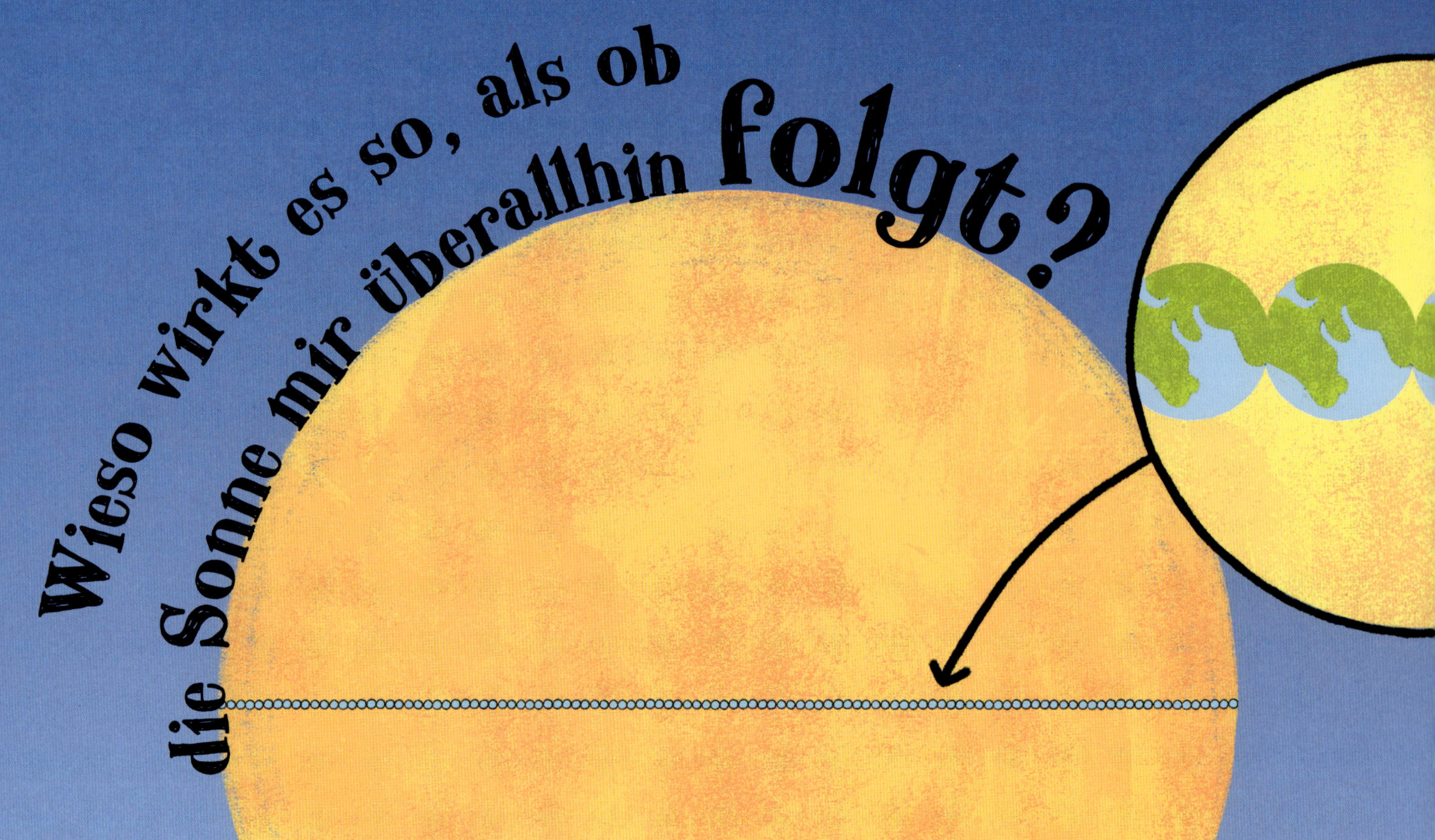

Die **Sonne** folgt nicht uns, sondern wir folgen ihr, weil die Erde auf einer **Umlaufbahn** um die Sonne kreist. Während sich die Erde um sich selbst dreht, ändert sich die Stellung der Sonne am Himmel – aber nur sehr langsam. Immer wenn wir hochschauen, ist die Sonne scheinbar am selben Ort. Deshalb wirkt es, als würde sie uns folgen.

Sonne

Die Sonne hat einen Durchmesser von etwa 1 392 000 km. Du könntest also 109 Erden nebeneinander über die Vorderseite der Sonne legen.

Die Erde legt bei einer Umkreisung der Sonne 939 886 400 km zurück.

Die Erde dreht sich um sich selbst – so entstehen Tag und Nacht. Deshalb wirkt es so, als würde sich die Sonne über den Himmel bewegen.

Umlaufbahn

Die Erde kreist in einem Jahr einmal um die Sonne. Sie wird von der Schwerkraft der Sonne auf ihrer Umlaufbahn gehalten.

Von unserem Standpunkt am Erdboden nehmen wir die Bewegung der Sonne meist nicht wahr, aber wir können ihre Wirkung sehen, wenn die Schatten länger werden.

Wieso ist der Mond manchmal am Tag zu sehen?

Der Mond scheint sehr hell, da seine Oberfläche so blass und er so nah an der Erde ist. Seine Umlaufbahn um die Erde ist kein perfekter Kreis und auch nicht immer genau gleich. Wenn der Mond an der richtigen Stelle ist, reflektiert seine blasse Oberfläche die Sonnenstrahlen in Richtung Erde und wir sehen ihn auch am Tag.

Wie wird Toiletten

China war wohl eines der ersten Länder, in denen Toiletten-papier hergestellt wurde. Im 14. Jahrhundert, als der **Kaiser Hongwu** regierte, gab es bereits große Mengen davon. Es ist ein weiches, sehr festes Papier, das aus feinen Holzspänen gemacht wird. Sie werden zu Flocken zermahlen und mit Was-ser zu Brei verrührt. Der Brei wird getrocknet und dünn aus-gerollt. Das daraus entstehende Papier hat winzige Luftlöcher und ist daher besonders saugfähig.

Herstellung

papier gemacht?

Kaiser Hongwu

Man sagt, der chinesische Kaiser Hongwu (1328–1398) und seine Familie lebten sehr luxuriös. Sie verbrauchten pro Jahr 15 000 Blätter Toilettenpapier – jedes davon weich und parfümiert. Damals war das ein großer Fortschritt. Im Nahen Osten benutzten die Menschen vor 2000 Jahren Kieselsteine, um sich abzuwischen. Das war bestimmt sehr unangenehm!

Recycling-Papier

Recycling-Toilettenpapier wird aus alten Zeitungen hergestellt. Diese werden wieder in Brei verwandelt, gereinigt und zu Toilettenpapierrollen verarbeitet. Wenn wir Papier auf diese Art recyceln, müssen wir weniger Bäume fällen ... das ist gut für die Erde!

Das Papier wird in Streifen geschnitten und perforiert, sodass man die einzelnen Blätter gut abreißen kann. Dann wird es auf Papprollen zu riesigen Toilettenpapierrollen aufgewickelt, die von einer Säge noch in kleinere Rollen zerteilt werden.

3. Wickeln und schneiden

Die Toilettenpapierrollen werden verpackt und an die Geschäfte verschickt, wo wir sie dann kaufen und zu Hause benutzen können.

4. Rollen verpacken

Wieso blinken Sterne?

Sterne

Die Sterne, die wir sehen, gehören alle zu unserer Galaxie, der Milchstraße. Sie umfasst etwa 200 Milliarden Sterne.

Sterne blinken nicht wirklich. Unsere Sonne ist auch ein Stern, aber weil sie so nah an der Erde ist, dringen ihre Strahlen mit großer Kraft schnurgerade durch die **Atmosphäre** zur Erde. Das Licht von weiter entfernten Sternen ist dagegen schwächer. Da sich die Luft in der Atmosphäre ständig bewegt, werden die Lichtstrahlen dieser entfernten Sterne von ihr abgelenkt, was wie Blinken aussieht.

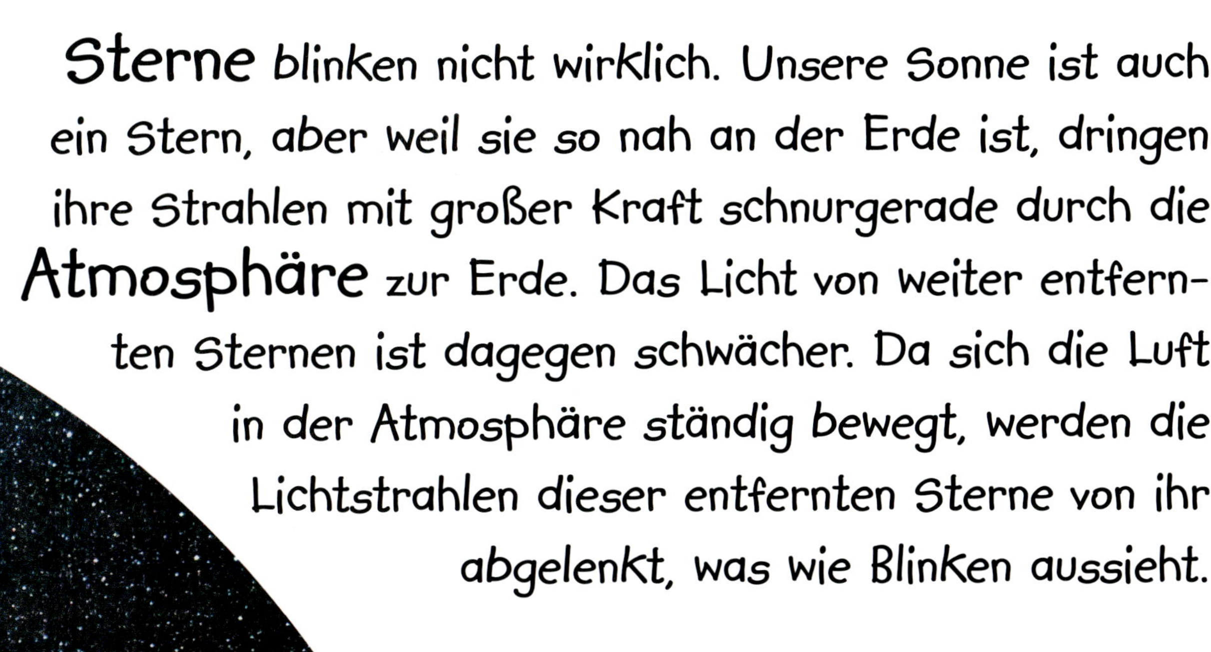

Atmosphäre

Die Atmosphäre ist wie eine schützende Decke aus Gasen, die unsere Erde umhüllt. Sie besteht hauptsächlich aus Stickstoff und Sauerstoff. Wir nennen dieses Gemisch Luft.

Die starken Lichtstrahlen der Sonne dringen auf direktem Weg durch die Atmosphäre.

Die schwächeren Lichtstrahlen der Sterne prallen an den beweglichen Luftteilchen ab und werden abgelenkt sodass es aussieht, als würden die Sterne blinken.

In deinem Kopf befinden sich die **Sinnesorgane**, Kiefer und Zähne. Mit den Gesichtsmuskeln kannst du lächeln und Gefühle zeigen. Einige Nerven im Kopf, die Hirnnerven, sind direkt mit dem Gehirn verbunden. Das Gehirn selbst wird von einer Flüssigkeit und dünnen Häutchen geschützt. Es gibt in deinem Schädel auch mit Luft gefüllte Räume, die vibrieren, wenn du redest oder singst. Sie geben deiner Stimme ihren einzigartigen Klang.

Sehnerv
Der Sehnerv sendet die Signale von 125 Millionen Lichtrezeptoren in deinem Auge direkt an die Sehrinde im Gehirn.

Ohr

Rückenmark

Blutgefäße

Zunge
An den Seiten, der Rückseite und der Spitze der Zunge sind mehr Geschmacksknospen als in der Mitte.

Kehldeckel

Sinnesorgane

Die Sinnesorgane sind: Augen, Ohren, Mund, Nase und Zunge. Sie haben besondere Sinneszellen, die Rezeptoren, die alle Informationen über deine Umgebung ins Gehirn leiten.

Im Mund und auf der Zunge gibt es zusammen etwa 8000 **Geschmacksknospen**. Ihre Nervenenden erkennen verschiedene Moleküle im Essen. Wir denken, dass die Knospen fünf Geschmacksrichtungen unterscheiden: süß, salzig, sauer, bitter und herzhaft, auch umami genannt.

Geschmacks-Knospen

Sie liegen auf Falten und Erhebungen der Zunge. Jede Knospe ist ein Bündel von Rezep-toren, die Geschmack erkennen.

Wieso brauchen wir Bäume?

Abgesehen von ihrer Schönheit, den Früchten und dem wertvollen Holz, sind Bäume der wichtigste Teil des **Kohlenstoffkreislaufs**. Sie nehmen Kohlendioxid (CO_2) aus der Luft auf und geben Sauerstoff ab. Wir würden nicht überleben, wenn zu viel CO_2 in der Luft wäre.

Bei der Verbrennung fossiler Brennstoffe wird CO_2 freigesetzt.

Wenn tote Tiere und Pflanzen verwesen, geben sie ihren Kohlenstoff wieder an die Luft ab.

Kohlenstoffkreislauf

Alle Lebewesen enthalten Kohlenstoff – ebenso wie viele nicht lebende Dinge, zum Beispiel fossile Brennstoffe, Gestein und Luft. Kohlenstoff bewegt sich ständig zwischen Lebewesen, Ozeanen, Atmosphäre und Land hin und her.

Abholzung

In einigen Teilen der Welt werden leider viele Bäume gefällt, damit der Boden für die Landwirtschaft genutzt werden kann. Dies nennt man Abholzung. Wenn wir zu viele Bäume fällen, wird der Anteil an Kohlendioxid in der Atmosphäre steigen. Wir müssen viel stärker daran denken, wie unentbehrlich Bäume für uns sind.

Warum atmen Bäume Kohlendioxid ein?

Bäume und andere Grünpflanzen brauchen Kohlendioxid (CO_2), um ihre Nahrung herzustellen: einen Zucker namens Glukose. Die Blätter nehmen CO_2 auf und machen daraus mit dem Wasser, das die Bäume über ihre Wurzeln saugen, Glukose. Dieser Vorgang heißt **Fotosynthese**. Die Pflanze braucht dafür Sonnenlicht. Sauerstoff ist ein Abfallprodukt der Fotosynthese und der Baum gibt ihn an die Luft ab.

Fotosynthese

Während der Fotosynthese nehmen die Blätter über ihren grünen Farbstoff, das Chlorophyll, Sonnenlicht auf und wandeln es in Energie um, die sie nutzen können. Chlorophyll wird auch Blattgrün genannt.

Wie heilt unser Körper?

Wenn du dich schneidest, gibt die verletzte Haut chemische Botenstoffe in den Blutkreislauf ab. Die Blutplättchen im Blut verklumpen sich zu einem **Gerinnsel**, das die Wunde verschließt und die Blutung stoppt, während die weißen Blutkörperchen Bakterien und Krankheitserreger abwehren. Das Blutgerinnsel trocknet zu **Schorf**, einer schützenden Kruste über der Wunde. Unter dem Schorf wächst langsam eine neue Haut sowie neue Blutgefäße und Nervenfasern. Kollagenfasern machen die Wunde stabil und bilden manchmal auch eine Narbe.

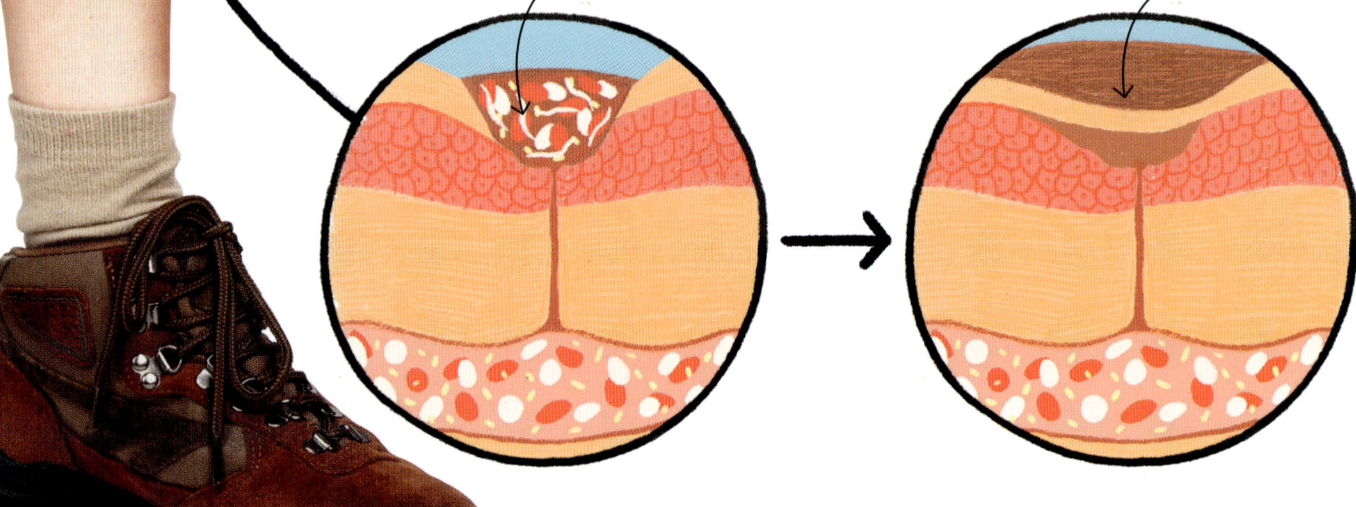

Wieso juckt es uns?

Die Nervenenden in der Haut reagieren, wenn sie mit Dingen in Berührung kommen, die die Haut reizen oder Entzündungen verursachen. Dazu gehören Staub, Insekten, Allergien, Medikamente und Krankheiten. Dieselben Nerven, die auch Schmerz wahrnehmen, senden Juck-Signale an das Gehirn, das dann als Reaktion den Wunsch zum Kratzen auslösen kann.

Durch Kratzen sagst du den Nerven, dass sie aufhören sollen, Juck-Signale ans Gehirn zu senden.

Warum ist mir trotz Fieber kalt?

Das Gehirn hat ein eingebautes Thermostat, das die Körpertemperatur regelt: den **Hypothalamus**. Er sollte die Temperatur konstant auf 37 °C halten. Spürt der Hypothalamus, dass du zu heiß wirst, sendet er Signale an deine Schweißzellen, damit ihr Schweiß dich abkühlt. Dir kann dann so kalt werden, dass du zu zittern beginnst.

Hypothalamus

Der Hypothalamus ist so klein wie ein Zuckerwürfel. Er versucht, alle Körpersysteme im Gleichgewicht zu halten.

Wenn du zitterst, liegt es daran, dass der Hypothalamus deine Körpertemperatur normal halten will.

Normalerweise verlieren **Bäume** ihre Blätter nicht im Sommer – es sei denn, die Umweltbedingungen sind sehr schlecht, wenn es z. B. sehr lange nicht geregnet hat, sodass kaum Feuchtigkeit im Boden ist. Unter solchen Umständen werfen Bäume ihre Blätter ab und begeben sich in eine Ruhephase, die **Dormanz**.

Immergrüne Nadelbäume haben oft schuppen- oder nadelförmige Blätter.

Laubbäume haben große, flache Blätter.

Bäume

Es gibt hauptsächlich zwei Arten von Bäumen: Laubbäume und Nadelbäume. Laubbäume verlieren im Herbst und Winter alle Blätter. Die meisten Nadelbäume sind immergrün, das heißt, sie behalten ihre Blätter das ganze Jahr über.

Wieso verlieren Bäume

Erfahre mehr über Bäume auf S. 96–97.

Frühling
Sonne und Regen im Frühjahr lassen den Baum neue Blatt-Knospen bilden. Viele Bäume blühen im Frühling.

Sommer
Im Sommer hat der Baum viele Blätter, damit er möglichst viel Sonnenlicht aufnehmen kann.

Die Jahreszeiten

Die Blätter eines Laubbaums wachsen im Frühling. Im Sommer trägt er dichtes grünes Laub. Die Blätter nehmen das Sonnenlicht auf und machen

Die Bäume bleiben in diesem Zustand, bis es wieder regnet. Ähnliches passiert, wenn über einen längeren Zeitraum schwere Überschwemmungen mit schmutzigem oder verseuchtem Wasser auftreten. Bäume können auch jederzeit Blätter verlieren, wenn sie eine Virus- oder Pilzerkrankung haben oder von Insekten befallen sind.

auch im Sommer Laub?

Dormanz

Diese Ruhephase ist wie ein Winterschlaf. So, wie manche Tiere den Winter verschlafen, verlangsamen Pflanzen im Winter alles, um besser zu überleben. Kahle Bäume sehen zwar wie tot aus, aber sie ruhen sich nur aus!

daraus Nahrung für den Baum. Im Herbst färben sich die Blätter rot, gelb und orange und fallen ab. Im Winter ist der Baum kahl.

Herbst

Im Herbst werden die Tage kürzer, es gibt weniger Sonnenlicht. Die Blätter färben sich und fallen nach und nach ab.

Winter

Im Winter sind die Tage am kürzesten und der Boden ist oft gefroren. Der Baum hat nun alle Blätter verloren.

Wie brechen Vulkane aus?

An manchen Orten ist die **Erdkruste** sehr dünn oder brüchig, sodass geschmolzenes Gestein, das **Magma**, sehr dicht unter der Oberfläche ist. Manchmal tritt Magma aus Spalten tief im Ozeanboden aus. Oder Magma und Gas sammeln sich in einem Vulkan, bis sie in einer heftigen Explosion hervorbrechen. Asche, Staub und Gas schießen bis zu 20 Kilometer hoch in die Atmosphäre. Dann regnet heiße Lava herab – so nennt man Magma außerhalb des Vulkans. Die Lava kann vom Vulkan aus über das Land fließen und alles auf ihrem Weg verbrennen.

Erdkruste

Die Erdkruste ist die äußere, harte Schicht der Erde. Darunter ist der weichere Mantel. Ganz im Inneren befindet sich der Kern.

Magma

Die enorme Hitze im Inneren der Erde lässt Gestein tief unter der Erde zu zähflüssigem Magma schmelzen.

Wie wird Gestein zu Lava?

Gestein wird nie direkt zu Lava. Unterirdisch schmilzt es zuerst zu Magma. Erst wenn das Magma durch einen Vulkan an die Oberfläche ausbricht oder durch Spalten in der Erdkruste austritt, nennen wir es Lava. Gestein auf oder nahe der Oberfläche kann ebenfalls zu Magma schmelzen, wenn es durch die Bewegung der riesigen Felsplatten, aus denen die Erdkruste besteht, tief unter die Erde gedrückt wird.

Erdwärme

Die Hitze im Inneren der Erde heißt geothermische Energie oder einfach Erdwärme. Wissenschaftler und Ingenieure haben herausgefunden, wie wir diese Wärme nutzen können. Sie bohren Löcher bis zu den Stellen, an denen unterirdisches Wasser von Magma zu Dampf erhitzt wird. Dieser Dampf treibt Turbinen an, die stromerzeugende Generatoren antreiben.

Glas ist **Silizium**, das aus geschmolzenem Sand entsteht. Damit Sand schmilzt, muss er sehr stark erhitzt werden – etwa auf 1700 °C. Beim Abkühlen verliert er seine gelbe Farbe. Solche hohen Temperaturen erfordern sehr starke Öfen, daher ist es bemerkenswert, dass die Menschen schon vor etwa 5500 Jahren Glas herstellen konnten. Heute wird Glas vielseitig verwendet. Flache Platten, das sogenannte **Flachglas**, dienen zum Beispiel als Fensterscheiben.

<h1>Wie wird Glas</h1>

Glas kann in verschiedene Formen geblasen werden, wenn es geschmolzen ist.

Flachglas

Fensterscheiben machen: 1. Sand, Kalk und Natron schmelzen. 2. Geschmolzenes Glas auf flüssigem Zinn baden, sodass sich Platten formen. 3. Abkühlen und zuschneiden.

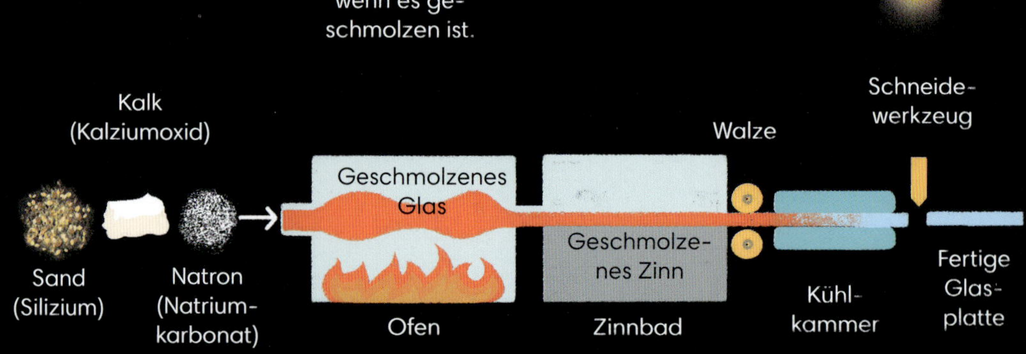

Warum sind Diamanten so hart?

Diamant ist der härteste Stoff, der in der Natur vorkommt. Er besteht aus purem **Kohlenstoff**. In Diamanten sitzen die Kohlenstoffatome sehr eng aneinander und sind fest verbunden. Das gibt ihnen die erstaunliche Härte.

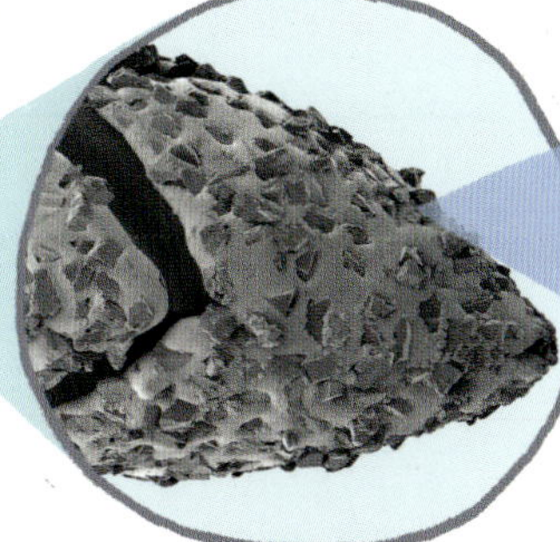

Zahnarzt-Bohrer mit Diamantspitze

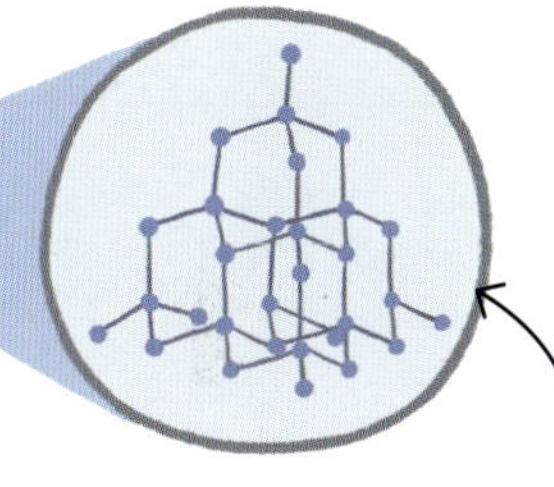

Jedes Diamant-Atom bildet eine Pyramidenform mit seinen vier Nachbarn. So wird der Diamant superhart.

Sand fühlt sich weich an, weil er aus vielen kleinen Körnchen besteht. Jedes einzelne Körnchen ist aber sehr hart.

Silizium

Silizium kommt in der Natur als Sand vor und ist häufig im Gestein enthalten. Aus Siliziumdioxid werden Computerchips hergestellt.

Kohlenstoff

Kohlenstoff ist so interessant, weil er in vielen verschiedenen Formen vorkommt. Grafit in der Bleistiftmine ist auch reiner Kohlenstoff. In dieser Form ist er aber so weich, dass man damit schreiben kann.

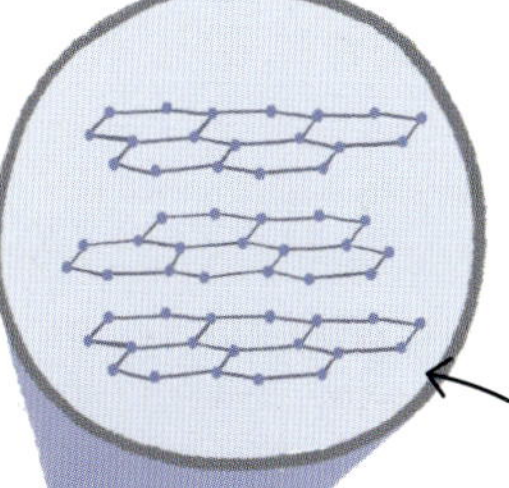

Die Kohlenstoffatome in einem Grafitbleistift sind in Platten angeordnet, die übereinander gleiten können, sodass Grafit leicht zerfällt.

105

Follikel

Der Follikel ist wie eine Röhre aus Gewebe um die Haarwurzel herum. Er sitzt tief in der Haut – wie eine Blumenzwiebel in der Erde.

Warum werden unsere Haare

Die Wurzel, aus der jedes einzelne Haar wächst, ist in einem **Follikel**. Dieser produziert einen Farbstoff, der dem Haar seine Farbe gibt. Wenn wir **altern**, stellen die Follikel immer weniger dieses Farbstoffs her, sodass die Haare grau werden. Manche Menschen neigen

Altern

Wie schnell Menschen grau werden, wenn sie altern, hängt hauptsächlich von den Genen ab. Durch
Stress, Rauchen oder Krankheit
kann es aber auch schneller oder
in jüngerem Alter passieren.

grau, wenn wir älter werden?

aufgrund ihrer Gene dazu, graues Haar zu bekommen.
Einige behaupten auch, ein plötzlicher Schock könne
graues Haar verursachen. Erschrecke deine Eltern also
am besten nicht plötzlich. Wenn sie grau werden, liegt
es aber sicher an ihren Genen und nicht an dir!

Vielleicht – wir wissen es nicht. Astronomen haben inzwischen fast 4000 **Exoplaneten** entdeckt, die andere Sterne umkreisen. Etwa 50 dieser Planeten liegen in einer bewohnbaren Zone. Das heißt, sie umkreisen ihren Stern in einer Entfernung, die weit genug weg ist, damit es nicht zu heiß wird, aber auch nah genug, damit es nicht zu kalt wird. In Kalifornien (USA) arbeiten Forscher des SETI-Instituts (Institut für außerirdische Intelligenz) Tag und Nacht daran, **Signale** von Aliens ausfinding zu machen. Vielleicht ist es aber auch ein Glück, dass wir sie nicht finden – und sie uns auch nicht.

Goldene Schallplatte

1977 starteten zwei *Voyager*-Raumsonden in den Weltraum. Sie haben je eine Scheibe – eine Goldene Schallplatte – an Bord. Darauf sind Tonaufzeichnungen und Bilder, die Außerirdische über das Leben auf der Erde informieren.

Signale

Wir senden Signale von der Erde und hoffen, dass da draußen im All irgendjemand sie empfängt. Signale von Aliens könnten uns in Form von Radiowellen oder Blitzen aus Laserlicht erreichen.

Gibt es Aliens?

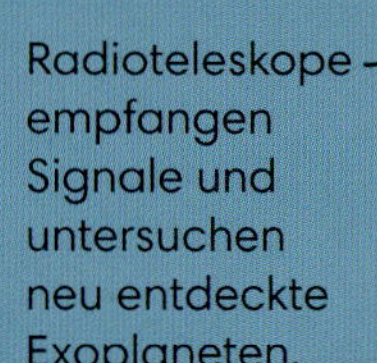

Radioteleskope empfangen Signale und untersuchen neu entdeckte Exoplaneten.

Exoplaneten

Exoplaneten sind Planeten außerhalb unseres Sonnensystems, die um einen anderen Stern kreisen. Sie sind sehr weit weg. Kepler-22b ist z. B. mehr als 5850 Billionen Kilometer von der Erde entfernt.

Es würde fast 620 Jahre dauern, bis ein Signal von Kepler-22b die Erde erreicht hätte!

Es ist unwahrscheinlich, dass Schwarze Löcher ein Ende haben oder dass sich auf der anderen Seite etwas befindet. Ein Schwarzes Loch ist kein Loch, wie wir es kennen. Es ist vielmehr ein Bereich im All, in dem die Schwerkraft so gewaltig ist, dass sie wie ein unvorstellbar starker Staubsauger alles um sich herum einsaugt und auf winzigem Raum zusammenpresst. Nichts kann dem Schwarzen Loch entkommen – nicht einmal das Licht.

Was ist am Ende eines Schwarzen Lochs?

Haben Pflanzen Gefühle?

Licht

Die Blätter einer Blume drehen sich der Sonne zu, sodass sie mehr Sonnenlicht aufnehmen können, um Nahrung für die Pflanze zu produzieren. Licht erwärmt die Blume auch, was mehr Insekten anlockt.

Berührung

Die Reaktion der Mimose bei Berührung lässt Pflanzenfresser oft denken, die Blätter seien ungenießbar.

Können Pflanzen reden?

Nein, aber sie können sich miteinander verständigen. Wenn sie von Insekten angegriffen werden, geben viele Pflanzen Moleküle in die Luft oder den Erdboden ab. Diese Moleküle „warnen" andere Teile der Pflanze, sodass sie spezielle chemische Stoffe freisetzt und sich so verteidigt. Pflanzen, die in der Nähe wachsen, fangen die Signale auch auf und schützen sich dann auf die gleiche Weise.

Ja, zum Beispiel die Venusfliegenfalle. Sie fängt mit ihren kieferartigen Blättern Insekten. Fleischfressende Pflanzen leben oft auf nährstoffarmen Böden und benötigen die zusätzlichen Nährstoffe, die sie durch die kleinen Tiere bekommen.

Gibt es fleischfressende Pflanzen?

Wieso werden wir alt und sterben?

Menschen altern ab dem ersten Tag ihres Lebens. Sogar, wenn wir erst 48 Stunden alt sind – das ist neun Monate, bevor wir überhaupt geboren werden – sterben schon die ersten Zellen ab. Zum Glück werden sie durch neue ersetzt. Nach der Geburt geht das so weiter, doch irgendwann werden abgestorbene Zellen nicht mehr jedes Mal durch neue ersetzt – oder die Kopien sind nicht perfekt. Der Kopiervorgang der DNA, der bei der Bildung neuer Zellen abläuft, nutzt sich allmählich ab. Wir leben zwar länger als die meisten Tiere, aber einige Fische, Wale und Schildkröten leben noch länger. Auf den Bermudas gibt es Seeigel und andere Lebewesen, die 200 Jahre alt werden, da ihre Zellen nicht so altern wie unsere.

Die spiralförmig gedrehte Leiterform der DNA-Stränge wird Doppelhelix genannt.

Chromosomen

Die DNA befindet sich im Kern jeder Zelle. Sie ist eng aufgewickelt zu Strukturen, die Chromosomen genannt werden. In jedem Zellkern sind 46 Chromosomen, die 23 Paare bilden.

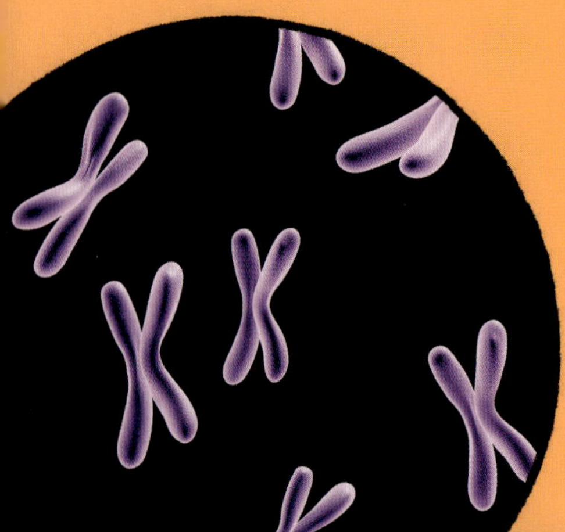

DNA

DNA steht für Desoxyribonukleinsäure. Ein DNA-Molekül besteht aus vielen Millionen Atomen, die zwei spiralförmige Stränge bilden. In all unseren Zellen ist DNA. Wenn wir älter werden, lässt sich die DNA immer schwerer reparieren und wir altern und sterben.

Wieso sind Seifenblasen immer rund?

Eine **Seifenblase** ist voller Luft, die von einem dünnen Film Seifenwasser umgeben ist. Die Wassermoleküle drücken gegeneinander und ziehen das Wasser in Kugelform. Diese Anziehungskraft zwischen den Wassermolekülen heißt Oberflächen- spannung. Sie zieht die Blase in die Form mit der kleinstmöglichen **Oberfläche** für die Menge an Luft, mit der sie gefüllt ist. Diese Form ist immer eine Kugel.

Erfahre mehr über Wassermoleküle auf S. 11–17.

Bläst du eine Seifen- blase auf, wird Luft von einem dünnen Film Seifenwasser eingeschlossen.

Oberfläche

Die Oberfläche ist die äußere Schicht eines Körpers. Diese drei Formen haben dasgleiche Volumen (Raum im Inneren). Die Kugel hat von allen die kleinste Oberfläche.

Würfel   Pyramide   Kugel

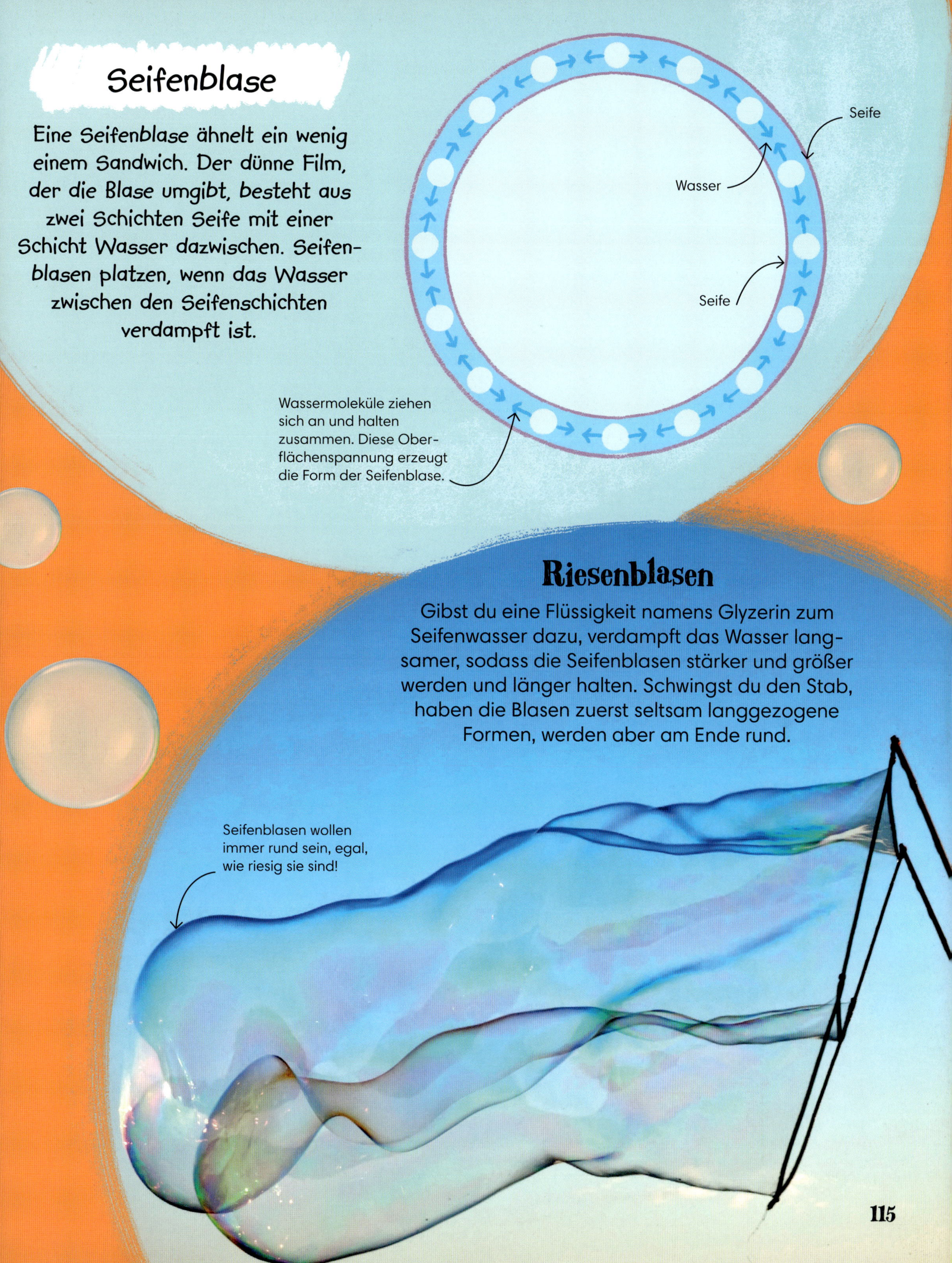

Seifenblase

Eine Seifenblase ähnelt ein wenig einem Sandwich. Der dünne Film, der die Blase umgibt, besteht aus zwei Schichten Seife mit einer Schicht Wasser dazwischen. Seifenblasen platzen, wenn das Wasser zwischen den Seifenschichten verdampft ist.

Riesenblasen

Gibst du eine Flüssigkeit namens Glyzerin zum Seifenwasser dazu, verdampft das Wasser langsamer, sodass die Seifenblasen stärker und größer werden und länger halten. Schwingst du den Stab, haben die Blasen zuerst seltsam langgezogene Formen, werden aber am Ende rund.

Wie schlafen wir ein?

Wir schlafen ein, weil der Körper müde ist und das Gehirn einen bestimmten Schlafrhythmus hat. Wenn du regelmäßig um 21 Uhr ins Bett gehst, wirst du wahrscheinlich spätestens gegen 22 Uhr müde – sogar, wenn du nachmittags ein Nickerchen gemacht hast. Der Schlafrhythmus wird von etwa 50 000 Körperzellen gesteuert. In einem bestimmten Bereich des Gehirns, dem Hypothalamus, befindet sich eine Art „Uhr". Tageslicht, regelmäßige Essenszeiten und die Temperatur beeinflussen diese „innere Uhr". Wenn du jung bist, brauchst du mehr Schlaf. Alte Leute brauchen nur noch etwa fünf Stunden.

Schlaf

Je älter wir werden, desto weniger Stunden Schlaf benötigen wir. Neugeborene Babys brauchen am meisten Schlaf – bis zu 17 Stunden.

Warum träumen wir und wie kommen die Träume ins Gehirn?

Niemand weiß genau, warum wir träumen. Träume haben Menschen schon immer fasziniert, verzaubert, traurig gemacht und verängstigt. Es gibt viele Versuche, die Träume zu deuten, sie haben aber bisher wenig Erfolg. Einige Träume sind sehr fantasievoll. Künstler erhalten ihre Ideen oft durch Träume und manche Wissenschaftler behaupten dies auch. Ich habe großartige Ideen in meinen Träumen, kann mich danach aber nie an sie erinnern.

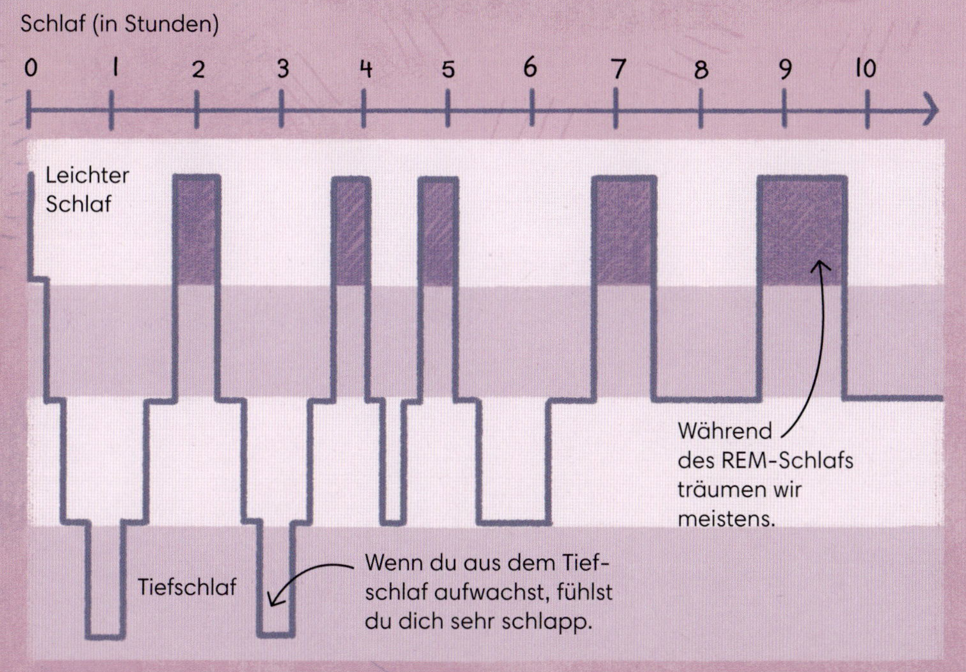

Träume

Unser Schlaf ist in Phasen unterteilt. Die elektrische Aktivität des Gehirns ändert sich in jeder Schlafphase. Träume tauchen zu Beginn des Schlafs oder während leichterer Schlafphasen auf, kurz bevor wir aufwachen. Beim Träumen bewegen sich die Augen schnell. Man nennt das REM-Schlaf.

Das größte Problem ist unsere Abhängigkeit von **fossilen Brennstoffen**. Wir erzeugen damit die Energie für die Städte und nutzen sie für Verkehr und Transport. Bei ihrer Verbrennung entsteht Kohlendioxid. Dieses Gas wird auch Treibhausgas genannt, da es – ähnlich wie Glas im Gewächshaus – die Wärme der Sonne in der Atmosphäre einschließt. Zuchttiere machen die Sache noch schlimmer, da sie Methan produzieren – ein weiteres Treibhausgas.

Was machen wir mit all dem Müll?

Wir leben zu verschwenderisch. Abfall wird oft vergraben oder ins Meer geworfen, dabei könnten wir mehr Müll recyceln. Der restliche Müll könnte verbrannt werden, um Energie zu erzeugen. Da beim Verbrennen aber Kohlendioxid entsteht, suchen Wissenschaftler nach Möglichkeiten, es einzufangen.

Es wurde sogar überlegt, ob wir Müll ins All schießen könnten. Aber Raketenstarts würden noch mehr Verschmutzung verursachen.

Können wir die Umweltverschmutzung aufhalten?

Wir könnten viel verbessern, wenn wir den **Klimawandel** ernster nähmen. Anfangen könnten wir mit der Nutzung erneuerbarer Energie. Das ist Energie, deren Quelle nie versiegt, z. B. Sonne, Wind und Wasser. Diese Energiequellen verursachen keine Treibhausgase.

Windkrafträder wie dieses nutzen die Kraft des Windes, um Elektrizität zu erzeugen. Eine Gruppe von Windrädern nennt man Windpark.

Warum vergeht bei Langeweile die Zeit so langsam ...

Solange wir auf dem Planeten Erde bleiben, ändert sich die Zeit nicht. Aber ich finde auch, dass **Zeit** langsamer vergeht, wenn etwas langweilig ist, und zu schnell, wenn man Spaß hat. Das hat wohl etwas mit unserer **Wahrnehmung** der Zeit zu tun. Es wäre zu schön, wenn die Zeit stehenbliebe, während du ein Eis isst. Aber Zeit und Wärme sorgen dafür, dass das Eis stetig schmilzt.

Zeit

In der Physik ist Zeit ein Maß dafür, wie lange ein Ereignis oder Vorgang dauert. Zeit wird in Sekunden, Minuten und Stunden gemessen. Sie läuft nur in eine Richtung, von der Vergangenheit zur Gegenwart und in die Zukunft. Zeit kann weder gestoppt werden noch rückwärts laufen.

Wahrnehmung

Wenn wir Spaß haben, interessieren wir uns für das, was um uns herum passiert – das Gehirn ist aktiv und wir spüren, dass die Zeit vergeht. Wenn wir uns langweilen, ist das Gehirn weniger beschäftigt und die Zeit scheint langsamer zu vergehen.

Glossar

Äquator
Ein vorgestellter Kreis um einen Planeten oder Mond. Der Äquator der Erde ist an der Stelle, an der unser Planet den größten Durchmesser hat – in der Mitte zwischen Nord- und Südpol.

Art
Lebewesen, die sehr ähnliche Gene haben, gleich aussehen und sich miteinander vermehren können.

Astronom
Wissenschaftler, der die Sterne, Planeten und das Weltall erforscht.

Atmosphäre
Schicht aus Gasen und winzigen Teilchen, die unsere Erde umgibt.

Atom
Winzig kleine Teilchen der Materie. Atome können sich zusammenschließen und größere Teilchen, sogenannte Moleküle, bilden.

Auftrieb
Aufwärtskraft, die von einem Flügel erzeugt wird, unter dem Luft hindurchströmt.

Aussterben
Wenn alle Exemplare einer Pflanzen- oder Tierart sterben, bis kein einziges mehr existiert.

Bakterien
Mikroskopisch kleine Lebewesen, die nur aus einer einzigen Zelle bestehen. Sie leben im Erdboden, im Wasser oder Pflanzen, Tieren und Menschen.

Base
Einer von vier chemischen Stoffen, die die „Sprossen" der DNA-Leiter bilden.

Brechen (Licht)
Biegen oder Ändern der Richtung eines Lichtstrahls, der sich von einem Ort zum anderen bewegt, z.B. aus der Luft ins Wasser.

Chemischer Stoff
Jede Substanz, die aus Atomen und Molekülen besteht, einschließlich jeder Flüssigkeit, jedes Feststoffes oder Gases.

Chlorophyll
Grüner chemischer Stoff in Pflanzen, mit dessen Hilfe sie Licht aufnehmen und daraus während der Fotosynthese Energie herstellen.

Chromosom
Eng gewickelter DNA-Strang im Kern einer Zelle. Chromosomen tragen Gene.

Dampf
Gasförmiger Zustand von Wasser, der entsteht, wenn Wasser kocht und sich ausdehnt.

Dichte
Die Menge an Teilchen eines Stoffes in einem bestimmten Raum.

Dinosaurier
Ausgestorbene Reptilien. Sie lebten vor etwa 245–65 Millionen Jahren.

DNA
Desoxyribonukleinsäure. Ein chemischer Stoff, der genetische Informationen in lebenden Zellen speichert.

Doppelhelix
Form der DNA-Moleküle, die zwei umeinander gewundene Stränge bilden (Wendeltreppe).

Dormanz
Ruhephase im Leben einer Pflanze, wenn ihr Wachstum für eine bestimmte Zeit verlangsamt wird oder ganz aufhört.

Drüse
Organ oder Gruppe von Zellen, die Flüssigkeiten wie Schweiß oder Spucke produzieren oder chemische Signale in Form von Hormonen aussenden.

Dunkle Materie
Unsichtbare Materie im Weltall. Sie erzeugt Schwerkraft und zieht Sterne und Galaxien an.

Durchmesser
Längste Strecke innerhalb eines Kreises. Sie wird vom Kreisrand durch die Mitte zum gegenüberliegenden Kreisrand gemessen.

Elektrischer Isolator
Material, welches das Fließen von Elektrizität verlangsamt oder stoppt, z.B. Gummi.

Elektrischer Leiter
Jegliche Substanz, durch die Elektrizität leicht fließen kann, z.B. Wasser.

Elektrischer Widerstand
Eine Maßeinheit, die angibt, wie stark ein Material den Fluss von elektrischem Strom behindert – ihm also Widerstand leistet.

Elektrisches Signal
Signale in Form von elektrischen Impulsen.

Elektromagnet
Spule aus Draht, die um ein Stück Eisen gewickelt ist. Wenn Strom durch die Spule fließt, wird das Eisen zum Magneten.

Elektron
Winziges Teilchen mit einer negativen Ladung, das um den Kern eines Atoms kreist.

Embryo
Befruchtete Eizelle während der ersten acht Wochen ihrer Entwicklung. Aus dem Embryo kann ein Baby wachsen.

Energie
Eine Kraft, die bewirkt, dass Dinge passieren. Licht, Schall, Strom, Wärme und Kernenergie sind alles Formen von Energie. Energie ist in allen möglichen Dingen gespeichert, auch in Lebensmitteln.

Erderwärmung
Anstieg der Durchschnittstemperatur der Erdatmosphäre dadurch, dass immer mehr Kohlendioxid und andere Treibhausgase entstehen.

Erdkern
Der sehr heiße Mittelpunkt der Erde. Er besteht hauptsächlich aus Eisen und Nickel.

Erdkruste
Harte, felsige Oberfläche der Erde. Die äußerste Schicht unseres Planeten.

Erdmantel
Dicke, dichte Gesteinsschicht unter der Erdkruste. Ein Teil des Mantels ist geschmolzen.

Erdwärme
Energie, die mithilfe von heißem Gestein tief unter der Erde gewonnen wird.

Erneuerbare Energie
Energiequelle, die nicht versiegen wird, wie z.B. Sonnenlicht, Wellen- oder Windkraft.

Evolution
Entwicklung einer Art über viele Generationen hinweg, sodass sie sich immer besser an ihre Umwelt anpasst.

Exoplanet
Planet außerhalb unseres Sonnensystems, der um einen anderen Stern als die Sonne kreist.

Experiment
Kontrollierter Test, mit
dem festgestellt wird,
ob sich eine wissenschaft-
liche Idee beweisen lässt.

Ferromagnetisch
Eisenhaltiges Material wird
magnetisch, wenn es in ein
Magnetfeld gerät.

Feststoff
Material mit einer festen Form.
Feststoffe fließen nicht und ver-
ändern auch nicht ihre Form wie
Flüssigkeiten oder Gase.

Fett
Wichtigste Energiequelle in
Lebensmitteln und in unserem
Körper.

Flügelspannweite
Abstand zwischen den Spitzen
der Flügel eines Vogels, Insekts
oder Flugzeugs.

Flüssigkeit
Substanz, die fließen kann
und die Form ihres Behälters
annimmt. Flüssigkeit kann
fließen, da ihre Moleküle übereinander und aneinander
vorbeigleiten und -rutschen.

Fossil
Überreste oder Abdrücke einer
urzeitlichen Pflanze oder eines
Tiers, die oft in Gestein erhalten
sind.

Fossiler Brennstoff
Brennstoff aus den verdichteten
Überresten von Pflanzen oder
Tieren, die vor vielen Millionen
Jahren gestorben sind. Kohle ist
z.B. ein fossiler Brennstoff.

Galaxie
Große Ansammlung von Sternen, Gasen und Staub, die durch
die Schwerkraft zusammen-
gehalten werden.

Gas
Materie, die keine Form hat, da
die Moleküle frei herumschwir-
ren. Gas breitet sich immer aus.

Gebärmutter
Auch Uterus genannt: Das
Organ im Bauchraum, in
dem ein Baby vor der Geburt
heranwächst.

Gegengewicht
Gewicht, das ein
anderes Gewicht
ausgleicht.

Gene
Vererbter Teil der DNA, der eine
bestimmte Funktion steuert.

Generator
Gerät, das Energie in Strom
umwandelt.

Geschmacksknospen
Rezeptoren auf der Zunge und
im Mund, die bestimmte chemische Stoffe in den Lebensmitteln,
die wir essen, erkennen und so
deren Geschmack feststellen
können.

Gewebe
Gruppe von Zellen, die eine
ähnliche Funktion ausübt, wie
z.B. Muskelgewebe.

Gift
Tiere verwenden Gift, um sich vor
anderen Tieren zu schützen oder
um sie zu verletzen, zu lähmen
oder zu töten.

Glühfaden
Feiner Faden oder Draht. Eine
Glühbirne hat einen Metallfaden,
der leuchtet, wenn Strom durch
ihn hindurchfließt.

Glukose
Form von Zucker im Blutkreislauf.
Unser Körper gewinnt daraus
Energie. Auch Pflanzen nutzen
die Energie von Glukose.

Gravitationskraft
Auch Schwerkraft genannt: Anziehungskraft zwischen Körpern,
z.B. zwischen Erde und Mond.

Haarfollikel
Gruppe von Zellen in der Haut,
aus der Haare wachsen.

Halbleiter
Material, das Strom nur unter
bestimmten Bedingungen
leitet, z.B. bei bestimmten
Temperaturen.

Halogen
Eine Gruppe von sehr reaktions-
freudigen Elementen. Die
wichtigsten Halogene sind:
Fluor, Chlor, Brom und Jod.

Hämoglobin
Protein in den roten Blutkörperchen, das Sauerstoff aus der
Lunge aufnimmt und ihn dann
mit dem Blut durch den ganzen
Körper transportiert und dort
freisetzt.

Hirnrinde
Oberflächenschicht des Gehirns,
in der Informationen verarbeitet
werden.

Hormone
Chemische Botenstoffe, die
durch unser Blut wandern und
bestimmte Funktionen steuern.

Hornhaut (Auge)
Hochempfindliche, durchsichtige
Schicht vorn auf unserem Auge.

Hypophyse
Wichtigste Drüse. Sie sitzt unter
dem Gehirn und gibt anderen
Drüsen Signale, damit sie
Hormone freisetzen.

Hypothalamus
Teil des Gehirns, der das Nerven-
system und das Hormonsystem
des Körpers miteinander verbindet. Der Hypothalamus hält
den Körper in einem stabilen
Zustand und sorgt dafür, dass
alles gut funktioniert.

Inert
Nicht reaktiv. Inerte Chemikalien
lassen sich nicht so leicht mit
anderen Chemikalien mischen.

Ingenieur
Eine Person, die Wissenschaft
und Technik dazu benutzt, um
Dinge zu bauen.

Kapillaren
Winzige Blutgefäße, die Blut zu
den Zellen und von ihnen weg
transportieren.

Kleinhirn
Teil des Gehirns, der viele Auf-
gaben hat, darunter das Gleichgewicht, die Koordination von
Bewegung und das Gedächtnis.

Kohlenhydrate
Süße und stärkehaltige Lebens-
mittel sind reich an Kohlen-

hydraten. Sie werden vom Körper in Energie umgewandelt und
sind eine wichtige Energiequelle.

Kohlenstoff
Nicht metallisches Atom, das in
vielen verschiedenen Molekülen
vorkommt – einschließlich aller
Lebewesen auf der Erde.

Kohlendioxid
Gas, das aus einem Kohlenstoff-
atom und zwei Sauerstoffato-
men besteht. Es wird von Tieren
und Menschen ausgeatmet und
von Pflanzen aufgenommen.

Kohlenstoffkreislauf
Der Weg des Kohlenstoffs aus
der Erdatmosphäre durch die
Lebewesen und wieder zurück in
die Atmosphäre.

Kokon
Harte Kapsel, in der sich eine
Raupe in einen Schmetterling
verwandelt.

Kollagen
Protein, das der Körper verwen-
det, um Gewebe zu bilden und
Wunden zu heilen.

Kondensation
Umwandlung eines Gases oder
Dampfes in Flüssigkeit, meist
nach dem Abkühlen.

Kraft
Drücken oder Ziehen zwischen
Objekten, wodurch ihre
Geschwindigkeit, Richtung oder
Form geändert werden kann.

Lederhaut (Dermis)
Schicht in unserer Haut, die unter
der Epidermis liegt.

Lichtspektrum
Farben des Regenbogens, die
sichtbar werden, wenn das Licht
in seine verschiedenen Farben
zerteilt wird.

Lichtstrahl
Auf geradem Weg strahlendes
Licht.

Linse (Auge)
Durchsichtige, runde Struktur, die
das ins Auge einfallende Licht
auf der Netzhaut bündelt.

Luft
Gasgemisch in der Erdatmosphäre. Luft besteht zum größten Teil aus Stickstoff und Sauerstoff, mit kleinen Mengen Kohlenstoffdioxid und Argon.

Luftdruck
Kraft der Luftmoleküle, die auf Dinge und Oberflächen drücken.

Luftwiderstand
Kraft, die Dinge, die sich durch die Luft bewegen, abbremst.

Lumineszenz
Die Fähigkeit, Licht zu erzeugen.

Magma
Zähflüssiges, geschmolzenes Gestein in Erdmantel und Erdkruste. Wenn Magma an die Oberfläche hervorbricht, wird es Lava genannt.

Magnetbahn
Zug, der Magnetkraft benutzt, um schwebend über die Schienen zu gleiten, sodass er sich mit minimaler Reibung fortbewegen kann.

Magnetfeld
Kraft um einen Magneten herum, die auf Dinge in seiner Nähe einwirkt.

Magnetpole
Es gibt zwei Stellen an einem Magneten, an denen die Magnetkraft am stärksten ist. Man nennt diese Stellen Nord- und Südpol des Magneten.

Masse
Menge an Material, aus dem ein Objekt besteht.

Materie
Alles, was Masse hat und Platz benötigt. Stoff, aus dem alles im Universum gemacht ist.

Melanin
Bräunlicher Farbstoff, der in Haaren, Haut und Augen vorkommt.

Melanozyten
Zellen in der Haut, die den Farbstoff Melanin produzieren.

Melittin
Substanz im Gift von Bienen, die Schmerzen und Jucken verursacht, wenn man gestochen wird.

Meteorit
Gesteins- oder Metallbrocken aus dem Weltall, der in die Erdatmosphäre eintritt und den Boden erreicht, ohne vorher zu verglühen.

Mikroskop
Ein Gerät, das mithilfe von Linsen winzige Dinge sehr stark vergrößert – auch Dinge, die mit dem bloßen Auge nicht zu erkennen wären, wie z. B. Bakterien.

Milchsäure
Chemischer Stoff, der sich bei körperlicher Anstrengung oder hartem Sporttraining in den Muskeln bildet, wenn der Körper Glukose verwertet, um Energie freizusetzen.

Milchstraße
Die Galaxie, in der sich unser Sonnensystem befindet.

Minerale
In der Natur vorkommende Feststoffe in Gesteinen oder Metallen, die nicht aus pflanzlichen oder tierischen Stoffen gebildet werden. Minerale können auch chemische Stoffe in Lebensmitteln und Trinkwasser sein. Sie werden vom Körper aufgenommen und verwertet.

Molekül
Materie-Teilchen, das aus mindestens zwei Atomen besteht. Atome werden von Kräften, die man Bindungskräfte nennt, zusammengehalten.

Muskel
Körpergewebe, das sich zusammenzieht und wieder dehnt, um Bewegung zu erzeugen.

Muskeln bestehen aus langen Zellen, den Muskelfasern.

Nabelschnur
Schnur mit Blutgefäßen, die ein Baby mit der Plazenta im Bauch der Mutter verbindet.

NASA
Kurz für „National Aeronautics and Space Administration". Luft- und Raumfahrtbehörde der USA, verantwortlich für die amerikanische Weltraumforschung.

Nebel
Wolken aus winzig kleinen Wassertröpfchen, die sich nah über dem Erdboden bilden und oft Staub- und Rauchteilchen enthalten.

Nerv
Bündel von Nervenzellen, die elektrische Signale durch den Körper leiten.

Netzhaut
Schicht aus lichtempfindlichen Zellen im Innern der Rückseite des Auges.

Oberfläche
Größe der gesamten Fläche einer Form, z. B. eines Dreiecks, Quadrats, Würfels oder einer Kugel.

Oberflächenspannung
Kraft in der Oberfläche von Wasser. Durch sie entsteht ein zartes Häutchen auf dem Wasser, auf dem z. B. Insekten laufen können.

Oberhaut (Epidermis)
Äußere Schicht unserer Haut.

Organ
Verband aus verschiedenen Geweben, der eine ganz bestimmte Aufgabe erfüllt. Organe sind z. B. Gehirn, Nieren, Leber und Herz.

Pflanzenfresser
Tier, das nur Pflanzen frisst.

Philosoph
Person, die versucht, das Universum, das Leben und das Verhalten der Menschen mithilfe von logischen Erklärungen zu verstehen.

Plasma
Sehr heiße, elektrisch geladene Materie, in der die Elektronen sich von ihren Atomen gelöst haben.

Plazenta
Organ in der Gebärmutter, das Sauerstoff und Nährstoffe aus dem Blut der Mutter aufnimmt und sie an den Blutkreislauf des Babys weitergibt. Baby und Plazenta sind über die Nabelschnur miteinander verbunden.

Protein
Einweißmoleküle, die unser Körper zum Wachsen und zum Reparieren von Gewebe braucht. Proteine sind in jeder Zelle unseres Körpers vorhanden.

Puppe
Raupe im Innern eines Kokons. Letzter Entwicklungsschritt einer Raupe auf dem Weg zum Schmetterling.

Räumliches Sehen
Unser Gehirn verbindet die leicht unterschiedlichen Bilder unserer zwei Augen und macht daraus ein räumliches Bild.

Recycling
Wiederverwertung von Müll, damit Ressourcen (Rohstoffe) und Energie gespart werden.

Reflex
Automatische Reaktion auf etwas, was unseren Körper beeinflusst. Du ziehst z. B. den Finger weg, sobald er etwas Heißes berührt.

Reibung
Entgegenwirkende Kraft, die die Bewegung eines Objekts abbremst, während es über ein anderes gleitet oder rollt.

REM-Schlaf
Leichte Schlafphase, in der du viel träumst. REM heißt „rapid eye movement" – schnelle Augenbewegung. In dieser Schlafphase kannst du dich nicht bewegen, aber deine Augen flackern.

Reptilien
Wechselwarme Tiere mit Wirbelsäule und schuppiger Haut. Die meisten Reptilien legen Eier.

Rezeptor
Teil einer Zelle, der auf Nachrichten von anderen Zellen reagiert. Einige Nerven sind Rezeptoren, die Veränderungen in der Umgebung wahrnehmen und Signale an unser Gehirn senden.

Rote Blutkörperchen
Blutzellen, die Sauerstoff durch den Körper transportieren.

Roter Riese
Stern kurz vor dem Ende seines Lebens, der abgekühlt und sehr stark aufgebläht ist.

Säugetiere
Gleichwarme Tiere mit Fell oder Haar, die ihre Jungen mit Milch säugen.

Schießpulver
Explosive Mischung aus den Chemikalien Schwefel, Kohlenstoff und Kaliumnitrat.

Schleim
Glitschige Flüssigkeit, die Röhren und Hohlräume im Körper schützt und ihre Oberflächen feucht hält.

Schorf
Harte Kruste aus geronnenem Blut und Kollagen, die sich über einer Wunde bildet.

Schub
Kraft, die ein Flugzeug, Boot oder Fahrzeug vorwärts schiebt.

Schwarzes Loch
Bereich im All mit zusammengestauchter Materie, in dem die Schwerkraft so stark ist, dass nicht einmal Licht entweichen kann.

Schwerkraft
Auch Gravitationskraft genannt: Anziehungskraft, die große dichte Körper wie Erde und Mond aufeinander ausüben.

Sehnerv
Einer von zwei Nerven, die Signale von der Netzhaut ans Gehirn senden.

Sinnesorgane
Deine Augen, Ohren, Nase, Geschmacksknospen und Haut mit ihren Rezeptoren für Berührung, Schmerz und Temperatur, sind Sinnesorgane.

Sonne
Der mittelgroße Stern im Zentrum unseres Sonnensystems.

Sonnensystem
Planeten und ihre Monde sowie Asteroiden und Kometen, die um eine Sonne kreisen.

Statische Elektrizität
Positive oder negative elektrische Ladung an der Oberfläche eines Objekts, die entsteht, wenn es Elektronen verliert oder gewinnt. Ein Blitz ist ein Beispiel für statische Elektrizität.

Stern
Riesige Kugel aus heißem, glühendem Gas im Weltall.

Strom
Fließende Elektrizität, die aus Elektronen besteht und sich durch ein Material bewegt.

Stromlinienförmig
Glatte, schmale, oft spitze Form, die leicht durch Luft oder Wasser gleitet. Vögel und Fische sind stromlinienförmig.

Substanz
Bestimmte Art von Material.

Talg
Ölige Flüssigkeit, die von der Haut produziert wird und sie weich und geschmeidig hält.

Tarnung
Farbe, Muster, Bewegungen oder Körperform helfen Tieren, sich in ihrer Umgebung zu verstecken.

Treibhausgase
Gase in der Erdatmosphäre, die die Wärme der Sonne speichern und so die Erde erwärmen, z.B. Kohlendioxid oder Methan.

Turbine
Maschine, die mithilfe von Wasser, Wind, Dampf oder Gas einen Generator antreibt und auf diese Weise Strom erzeugt.

Umami
Herzhafter Geschmack, den deine Geschmacksrezeptoren erkennen können.

Umlaufbahn
Weg eines Körpers im Raum, z.B. der Weg der Erde um die Sonne herum.

Umweltverschmutzung
Bakterien, Fabriken, Autos, Landwirtschaft und Menschen verunreinigen die Umwelt.

Universum
Das ganze Weltall und alles, was es darin gibt.

Urknall
Die Vorstellung, dass das Universum vor fast 14 Milliarden Jahren mit einem riesigen Knall entstanden ist.

Verdampfen
Wenn etwas Festes oder Flüssiges seinen Siedepunkt erreicht, also die Temperatur, bei der es anfängt zu kochen, und sich dadurch in Gas verwandelt.

Verdunsten
Wenn eine Flüssigkeit zu Dampf wird, ohne zu kochen.

Verwesen
Wenn eine tote Pflanze oder ein totes Tier verrottet.

Virus
Mikroskopisch kleiner, nicht lebendiger Keim oder Krankheitserreger. Ein Virus dringt in eine Zelle ein und vermehrt sich dort. Irgendwann stirbt die Zelle ab. Dann werden die Viren freigesetzt und dringen in weitere Zellen ein. So können sie Krankheiten verursachen.

Wahrnehmung
Die Art, wie wir die Welt und die Menschen um uns herum mit unseren Sinnen verstehen.

Wasserdampf
Wasser in gasförmigem Zustand. Sie können in der Luft zu Wolken kondensieren.

Wasserkreislauf
Ununterbrochene Bewegung des Wassers auf der Erde zwischen Ozean, Himmel und Land.

Weißer Zwerg
Kleine, dichte Reste eines sterbenden Sterns.

Weißglühend
Wenn etwas durch Erhitzen helles Licht abgibt.

Wellenlänge
Abstand zwischen zwei Spitzen in einer Energiewelle wie Licht oder Schall.

Widerstand
Kraft, die ein Objekt abbremst, während es sich durch eine Flüssigkeit oder ein Gas bewegt.

Winterschlaf
Tiefer Schlaf oder Ruhezeit einiger Tiere im Winter.

Zellen
Grundbausteine, aus denen alle Lebewesen gemacht sind.

Zellkern
In einer lebenden Zelle das Zentrum, das die Funktionen steuert.

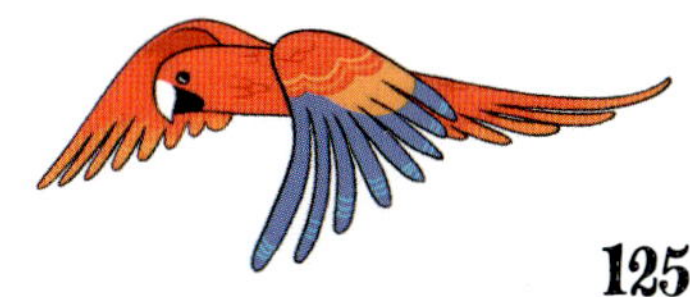

Register

Lumineszenz 57
Lunge 37, 52

M

Magma 102, 103
Magnet 28, 29, 36–37
Magnetbahn 28–29
Magnetfeld 28, 36, 37
Manteltier 76
Masse 18, 19
Materie 13, 19, 26
Meer 48, 49, 78, 79, 119
Melanin 46, 47, 106
Melanozyten 47
Melittin 41
menschlicher Körper 10–11,
    24–25, 32–33, 36–37,
    46–47, 50–53, 64–65, 76–77,
    80–81, 86–87, 94–95, 98–99,
    106–107, 112–113, 116–117
Mestral, George de 38, 39
Methan 118
Milch 14, 15
Milchsäure 64
Milchstraße 72, 92
Mimose 110
Moleküle 16, 17, 20, 26, 58, 62,
    70, 95, 111, 113, 114, 115
Mond 19, 78–79, 89
Moskito 22
Motorische Rinde 81
Müll 119
Mund 94, 95
Muskeln 64, 81

N

Nabelschnur 24–25
Nadelbäume 100–101
Nahrung 60–61, 97, 101, 111
Narbe 98
Nase 52–53, 94, 95
Nässe 16
Nebel 48
Nerven 87, 94, 95, 99
Nervenzellen 10, 77
Netzhaut 42
Neuronen 77
Newton, Isaac 18

O

Oberfläche 114
Oberflächenspannung 16, 114,
    115
Oberhaut 46, 87
Ohren 94
Oktopus 35
Öl 17

P

Palaeeudyptes 66, 67
Papier 90–91
Pflanzen 97, 110–111
Philosophen (antikes
    Griechenland) 12
Pilz 101
Pinguine 66–67
Planeten 13, 73, 109
Plasma 27
Plazenta 25
Polarhase 35
Pole 28, 37
Popel 52–53
Propeller 84, 85
Protein 10, 11, 60, 113
Pterodactylus 74–75
Puppe (Schmetterling) 30

Q

Qualle 56
Quetzalcoatlus 74–75

R

Räder 44
Radioteleskop 108
Radiowellen 108
räumliches Sehen 43
Raupen (Schmetterling) 30
Recycling 91, 119
Reflex 80
Regen 48–49
Regenbogen 20, 21
Reibung 28, 85
REM-Schlaf 117
Rezeptoren 94, 95
Riesenschildkröte 113
Roboter 77
rote Blutkörperchen 36–37
Roter Riese 54, 55

S

Salz (Natriumchlorid) 49
Sand 104–105
Sauerstoff 25, 27, 37, 58, 64, 68,
    71, 93, 96, 97
Säugetiere 14, 15
Schießpulver 71
Schlaf 30, 116–117
Schleim 52–53, 56
Schmelzen 26
Schmerz 33, 41, 64, 76, 87, 99,
    110
Schmetterlinge 30
Schokolade 60–61
Schorf 98
schrumplige Finger 86–87
Schub 83
Schwangerschaft 25
Schwarze Löcher 109

Schweiß 10, 65, 87, 99
Schwerkraft 13, 18–19, 54, 58,
    78, 79, 89, 109
Seeigel 112
Sehen 42–43, 94
Sehnerv 42, 94
Seide 31
Seife 16, 17, 114, 115
Seifenblasen 17, 70, 71,
    114–115
Signale 108, 111
Silizium 104–105
Sinne 76, 94–95, 110
Sommer 100
Sommersprossen 46–47
Sonne 54–55, 88–89, 93, 110,
    118
Sonnenbrand 47
Sonnenenergie 119
Sonnenlicht 20, 21, 57, 97, 100,
    110, 119
Sonnensystem 73
Sonnenuntergang 21
Spaß 121
Sperma 11
Spinnen 31
Spinnennetz 31
Sport 64–65
Sprechen 94
Stachel 41
statische Elektrizität 63
Sterne 12, 13, 54–55, 92–93
Stickstoff 58, 93
Stress 107
stromlinienförmig 82, 85
Stromschlag 63

T

Talg (Haut) 86, 87
Tarnung 34–35
Temperatur 26, 48, 99
Tentakel 56
Tiere 34–35, 50–51, 76, 101,
    112, 113
Tod 112–113
Toilettenpapier 90–91
Tränen 50, 51
Träume 117
Traurigkeit 51, 76
Treibhausgase 118, 119
Trilobiten 23
Turbine 103, 119

U

Umlaufbahn 88–89
Umweltverschmutzung 118–119
Universum 12, 13, 72
Urknall 12

V

Venusfliegenfalle 111
Verbrennung 85, 96, 118, 119
Verdunsten 49, 115
Verstecken 34–35
Vibration 94
Virus 52, 53, 101
Vögel 66–67, 75, 82–83
Voyager (Raumschiff) 108
Vulkan 102–103

W

Wachstum 32–33
Wachstumshormone 32, 33
Wachstumsschmerzen 33
Wahrnehmung 120, 121
Wasser 16–17, 48, 49, 86,
    114, 115
Wasserdampf 17, 48, 49
Wasserkreislauf 48–49
Wassermoleküle 16, 17, 114,
    115
Wasserstoff 54
weiße Blutkörperchen 98
Weiße Zwerge 55
Wellenlänge (Licht) 20, 21, 57
Weltraum 13, 54–55, 72–73,
    92–93, 108–109, 119
Weltraumtechnologie 39
Windräder 119
Winter 101
Winterschlaf 101
Wissenschaft, Bedeutung der 8
Wissenschaftler 9
Wolfram 68, 69
Wolken 48, 49
Wright, Gebrüder 84
Wut 51, 76

X

X-43A (Düsenjet) 84

Z

Zahnräder 44
Zeit 12, 120–121
Zellen 10–11, 33, 95, 98, 112,
    113
Zittern 99
Zunge 94, 95
Zwinkern 43

Lektorat Marie Greenwood, Phil Hunt, Katie Lawrence, Laura Gilbert, Sarah Larter
Gestaltung und Bildredaktion Fiona Macdonald, Katie Knutton, Xiao Lin, Jim Green, Charlotte Jennings, Lucy Sims, Sakshi Saluja, Diane Peyton Jones, Helen Senior, Nityanand Kumar, Seepiya Sahni, Abigail Luscombe
Umschlaggestaltung Fiona Macdonald, Issy Walsh
Herstellung Dragana Puvacic, Basia Ossowska
Illustrationen Alexandra Bye
Fotos Ruth Jenkinson
Fachliche Beratung Lisa Burke

Für die deutsche Ausgabe:
Programmleitung Monika Schlitzer
Redaktionsleitung Martina Glöde
Herstellungsleitung Dorothee Whittaker
Herstellungskoordination Claudia Rode
Herstellung Claudia Bürgers

Titel der englischen Originalausgabe:
Ask a Scientist

© Dorling Kindersley Limited, London, 2019
Ein Unternehmen der Penguin Random House Group
Alle Rechte vorbehalten

© der deutschsprachigen Ausgabe by Dorling Kindersley Verlag GmbH, München, 2020
Alle deutschsprachigen Rechte vorbehalten

Jegliche – auch auszugsweise – Verwertung, Wiedergabe, Vervielfältigung oder Speicherung, ob elektronisch, mechanisch, durch Fotokopie oder Aufzeichnung, bedarf der vorherigen schriftlichen Genehmigung durch den Verlag.

Übersetzung Elena Bruns
Lektorat Birgit Reit

ISBN 978-3-8310-3932-6

Druck und Bindung Leo Paper Products, China

www.dorlingkindersley.de

Dank und Bildnachweis

Dorling Kindersley dankt Helen Peters für das Register und Steve Setford für die redaktionelle Mitarbeit.

Der Verlag dankt folgenden Personen und Institutionen für die freundliche Genehmigung zum Abdruck von Fotos:

(Abkürzungen: o = oben; u = unten; m = Mitte; g = ganz; l = links; r = rechts; go = ganz oben)

10 Dreamstime.com: Sebastian Kaulitzki / Eraxion (ul). **11 Science Photo Library:** Edelmann (ur). **12 Science Photo Library:** Mark Garlick (go). **13 NASA:** CXC / CfA / M.Markevitch et al (ul). **15 123RF.com:** Eric Isselee / isselee (mur, ur). **16 123RF.com:** Evgenii Zadiraka (mor). **17 Dreamstime.com:** Yekophotostudio (mu). **18 123RF.com:** cherrymerry (mor). **19 Dreamstime.com:** Astrofireball (gor). **20-21 Alamy Stock Photo:** Zoonar GmbH. **21 123RF.com:** Yulia Petrova (r). **22 Dorling Kindersley:** Natural History Museum (mu). **Science Photo Library:** Masato Hattori (mo). **23 Dreamstime.com:** Steveheap (u). **24 Alamy Stock Photo:** RubberBall (ur). **Getty Images:** Clarissa Leahy. **26-27 Getty Images:** Jonathan Knowles (m). **27 Dreamstime.com:** gilmanshin (gor). **28-29 Dreamstime.com:** Beijing Hetuchuangyi Images Co, . Ltd / Eastphoto (go). **30 Dreamstime.com:** Matee Nuserm (ml). **iStockphoto.com:** Mathisa_s (m, mr). **31 Dorling Kindersley:** Jerry Young (mo). **Dreamstime.com:** Alexander Potapov (go); Nancy Tripp / Qnjt (m). **32 Alamy Stock Photo:** Walter Oleksy (l). **34 Alamy Stock Photo:** Nature Picture Library (r); robert-harding (l). **35 Dreamstime.com:** Jamiemuny (mr). **iStockphoto.com:** Stocktrek Images (ur). **36-37 Dreamstime.com:** Maksim Toome / Mtoome (m). **37 Dorling Kindersley:** Science Museum, London (mul). **Dreamstime.com:** Alexey Romanenko / Romanenkoalexey (mo). **38 Science Photo Library:** DR Keith Wheeler (mu). **38-39 Alamy Stock Photo:** Daniel Sanchez Blasco (u). **Getty Images:** Clouds Hill Imaging Ltd. (m). **39 Alamy Stock Photo:** Daniel Sanchez Blasco (gol, mor). **Getty Images:** Robert Clark (mr). **40 Dreamstime.com:** Alle (mul); Rolfgeorg Brenner (mu). **41 Science Photo Library:** Claus Lunau. **46 Getty Images:** A.B. / Lars Langemeier. **48 Dreamstime.com:** Maxim Weise (ul). **49 Alamy Stock Photo:** Teresa Otto (ur). **50 iStockphoto.com:** Monica Click. **51 Dreamstime.com:** Lim Seng Kui (gom); Mimagephotography (mo). **iStockphoto.com:** Claudiad (mor). **54-55 Dreamstime.com:** Markus Gann / Magann (go). **56 Alamy Stock Photo:** Roberto Nistri. **57 Science Photo Library:** Dante Fenolio (u). **58-59 Alamy Stock Photo:** DPK-Photo (u). **59 Dreamstime.com:** MRMake (ur). **60-61 123RF.com:** Helmut Knab. **61 Dreamstime.com:** Matthias Ziegler / Paulmz (gol). **Fotolia:** Mikael Damkier (gor). **62 Alamy Stock Photo:** Kim Christensen (mu). **63 Dorling Kindersley:** Stephen Oliver (ur). **64 Dreamstime.com:** Kdshutterman (l); Milkos (gor). **65 Alamy Stock Photo:** Aaron Amat (ur). **66 Dreamstime.com:** Jose Manuel Gelpi Diaz (ur). **Getty Images:** Frank Krahmer / Photographer's Choice RF (mu). **69 123RF.com:** olivierl (mol). **Alamy Stock Photo:** Alexandre Watanabe (mr). **70-71 Fotolia:** Sherri Camp (m). **72 Dorling Kindersley:** Andy Crawford (mu). **72-73 ESA / Hubble:** NASA. **74-75 Dreamstime.com:** Mark Turner. **76 Science Photo Library:** Georgette Douwma (ul). **77 Science Photo Library:** KTSDESIGN (gol). **79 Alamy Stock Photo:** Tom Uhlman (go). **82-83 Dorling Kindersley:** Whipsnade Zoo. **83 Dreamstime.com:** Menno67 (mu). **84 Dorling Kindersley:** Planes of Fame Air Museum, Valle, Arizona (mu). **Science Photo Library:** NASA (mur). **84-85 123RF.com:** phive2015. **86 Alamy Stock Photo:** (mul). **86-87 Alamy Stock Photo:** Daniel Sanchez Blasco (u). **Dreamstime.com:** Tatya Luschyk (m). **88-89 Getty Images:** Martin Hartley. **89 Alamy Stock Photo:** Darryl Gill (r). **90 Dreamstime.com:** Hunterbliss (bl); Hxdylzj (ur). **91 Getty Images:** Paulo Fridman / Corbis (go); Jeff T. Green (ul). **92-93 Alamy Stock Photo:** Charlie Nowlan. **95 Depositphotos Inc:** gorkemdemir (ugr). **Dreamstime.com:** Tom Wang (ur). **96 123RF.com:** grigory_bruev. **Getty Images:** Nelson Luiz Wendel (ul). **97 Science Photo Library:** B.W.Hoffman / AgstockUSA (mu). **99 Alamy Stock Photo:** Mandy Godbehear (mu). **100-101 iStockphoto.com:** urfinguss (m). **102 123RF.com:** Siim Sepp (gor). **104-105 Alamy Stock Photo:** Julian Money-Kyrle. **105 Dreamstime.com:** Pictac (ur); Alexander Pladdet (mul). **Science Photo Library:** Dennis Kunkel Microscopy (m / Zahnarzt-Bohrer); Photo Researchers, INC. (m). **106-107 Getty Images:** Indeed (go). **108 Alamy Stock Photo:** J Marshall - Tribaleye Images (m). **Science Photo Library:** DR Seth Shostak (ur). **109 NASA:** Ames / JPL-Caltech (ml). **110 123RF.com:** Noppharat Manakul. **112 Alamy Stock Photo:** Science Photo Library (ul). **114-115 123RF.com:** Ilya Akinshin (Seifenblasen). **114 123RF.com:** Ilya Akinshin (go); pat138241 (ul). **115 Alamy Stock Photo:** Zoonar GmbH (u). **116 iStockphoto.com:** aabejon (mur). **118 123RF.com:** Steve AllenUK (mr). **119 123RF.com:** Alphaspirit (ur). **Dreamstime.com:** Whilerests (ml). **120 123RF.com:** Алексей Пацюк (u). **121 123RF.com:** Narongrit Dantragoon (Hintergrund); Hemant Mehta (ur).
Alle anderen Abbildungen © Dorling Kindersley
Weitere Informationen unter www.dkimages.com

Der Verlag dankt folgenden Kindern für ihre Fragen:
Addy, 9 Jahre; **Aimee**, 11 Jahre; **Akshay**, 9 Jahre; **Alfie**, 9 Jahre; **Amy**, 10 Jahre; **Anika**, 8 Jahre; **Archer**, 8 Jahre; **Aron**, 8 Jahre; **Aubrey**, 10 Jahre; **Aurelia**, 12 Jahre; **Ava**, 9 Jahre; **Ben**, 8 Jahre; **Beth**, 9 Jahre; **Bonnie**, 6 Jahre; **Brayden**, 7 Jahre; **Brendan**, 6 Jahre; **Camilla**, 9 Jahre; **Caroline**, 8 Jahre; **Charlie**, 4 Jahre; **Charlize**, 12 Jahre; **Charlotte**, 6 Jahre; **Chase**, 6 Jahre; **Chi Yau**, 11 Jahre; **Cordelia**, 11 Jahre; **David**, 9 Jahre; **Devin**, 7 Jahre; **Duncan**, 9 Jahre; **Eliana**, 4 Jahre; **Elijah**, 15 Jahre; **Elio**, 11 Jahre; **Ellen**, 9 Jahre; **Emilia**, 7 Jahre; **Emma**, 7 Jahre; **Enzo**, 7 Jahre; **Eve**, 11 Jahre; **Felix**, 5 Jahre; **Hannah**, 6 Jahre; **Harrison**, 7 Jahre; **Him Sum**, 11 Jahre; **Ilana**, 11 Jahre; **Iris**, 6 Jahre; **Isaac**, 10 Jahre; **Jackson**, 8 Jahre; **Jacob**, 9 Jahre; **Jago**, 8 Jahre; **James**, 9 Jahre; **Jaredin**, 13 Jahre; **John**, 6 Jahre; **Joseph**, 7 Jahre; **Joseph**, 10 Jahre; **Kalina**, 11 Jahre; **Kate**, 7 Jahre; **Kieran**, 8 Jahre; **Lia**, 7 Jahre; **Liora**, 6 Jahre; **Liora**, 8 Jahre; **Logan**, 11 Jahre; **Louis**, 11 Jahre; **Lyra**, 9 Jahre; **Mack**, 6 Jahre; **Margaret**, 10 Jahre; **Mary-Catherine**, 8 Jahre; **Melvin**, 11 Jahre; **Miriam**, 7 Jahre; **Molly**, 10 Jahre; **Mya**, 8 Jahre; **Naël**, 11 Jahre; **Noah**, 5 Jahre; **Oliver**, 7 Jahre; **Page**, 16 Jahre; **Paula**, 8 Jahre; **Poppy**, 10 Jahre; **Ralph**, 14 Jahre; **Rianna**, 12 Jahre; **Ruby**, 11 Jahre; **Sachin**, 5 Jahre; **Segovia**, 6 Jahre; **Sophia**, 14 Jahre; **Teagan**, 9 Jahre; **Theodore**, 11 Jahre; **Tzofia**, 7 Jahre; **Wakana**, 6 Jahre; **William**, 3 Jahre; **William**, 9 Jahre; **Yi**, 12 Jahre; **Elementary-School-Klasse, Kalifornien (USA)**; **Primary-School-Klasse, Cambridgeshire (UK)**.

Die Fragen wurden eingereicht aus: Australien, China, Deutschland, Frankreich, Großbritannien, Indien, Irland, Japan, Kanada, Luxemburg und den USA.